よくわかる
特級技能
検定

高野 左千夫【著】

合格テキスト＋問題集

弘文社

はじめに

　技能検定は，職業能力開発促進法に基づき，働く人々の技能を一定の基準によって検定し，国として証明する国家検定制度です。技能検定は，技能に対する社会一般の評価を高め,働く人々の技能と地位の向上を図ることを目的とし，難易度によって「特級」「1級」「2級」「3級」の区分があります。

　その中でも『特級技能検定』は最上位（全26職種）であり，試験の内容は「管理者または監督者が通常有すべき技能および知識」となっており，かなり幅広い知識が要求されます。

　特級技能検定試験は，学科試験と実技試験（計画立案等作業試験）とがあります。また職種ごとに『試験科目及びその範囲』が公表されています。本書『よくわかる特級技能検定合格テキスト＋問題集』は，その公表された『試験科目及びその範囲』に則した内容となっています。

　本書を活用されて，多くの方が目標とされる『特級技能士』の国家資格を取得されることを願っています。

高野　左千夫

本書の特徴

1. 厚生労働省より公表された『試験科目及びその範囲』に準拠した構成としています。
2. 過去3年間の過去問題の分析により，ポイントやキーワードに抜けが無く，理解しやすい説明を行っています。
3. 各科目の基本的事項は，図表を多くして，分かり易く説明しています。
4. 各章ごとに過去問に準じた演習問題（「学科試験」および「実技試験」）を掲載しています。
5. 著者は，『特級技能検定受検講座』の豊富な講師経験をもとに執筆しています。

目 次

第1章　工程管理

5

第6章 作業指導

第 7 章　設備管理

特級技能検定試験の概要

1．技能の程度

管理者または監督者が通常有すべき技能およびこれに関する知識の程度

2．受検資格

技能検定1級試験合格後，5年以上の実務経験

3．試験内容

学科試験

五肢択一法，50問，120分，8科目
①工程管理　②作業管理　③品質管理　④原価管理　⑤安全衛生管理及び環境の保全　⑥作業指導　⑦設備管理　⑧各職種に関する現場技術

実技試験

計画立案等作業試験（ペーパーテスト），9問（※），180分（※），7科目
①工程管理　②作業管理　③品質管理　④原価管理　⑤安全衛生管理及び環境の保全　⑥作業指導　⑦設備管理

※：職種「機械保全」のみ10問，150分で実施されています。年度により異なる場合があります。各実施機関で確認してください。

（参考）過去の出題数

学科試験

問題No.	1	2	3	4	5	6	7	8	9	10	11	12	13	14	15	16	17	18	19	20
試験科目	工程管理								作業管理				品質管理						原価管理	
問題No.	21	22	23	24	25	26	27	28	29	30	31	32	33	34	35	36	37	38	39	40
試験科目	原価管理		安全衛生管理及び環境の保全						作業指導				設備管理							

問題 No.	41	42	43	44	45	46	47	48	49	50
試験科目	各職種に関する現場技術									

※科目別の出題数は，職種または年度により若干異なっています。

実技試験

問題 No.	問題1	問題2	問題3	問題4	問題5	問題6	問題7	問題8	問題9
試験科目	工程管理	作業管理	品質管理	原価管理	安全衛生管理及び環境の保全	作業指導Ⅰ	作業指導Ⅱ	設備管理Ⅰ	設備管理Ⅱ

※職種「機械保全」のみ「作業指導Ⅲ」が追加されて合計10問となっています。

4．合格基準

学科試験：原則として　65点以上（100点満点）

実技試験：原則として　60点以上（100点満点）

5．特級技能検定の実施職種と実施機関

平成29年度の実施職種として，下記職種が公表されています。

実施職種　　　　　　　　　　　　　　　　　　**実施機関**

実施職種		実施機関
・鋳造	・半導体製品製造	
・金属熱処理	・プリント配線板製造	
・機械加工	・自動販売機調整	
・放電加工	・光学機器製造	
・金型製作	・内燃機関組立て	
・金属プレス加工	・空気圧装置組立て	各都道府県の
・工場板金	・油圧装置調整	職業能力開発協会
・めっき	・建設機械整備	
・仕上げ	・婦人子供服製造	
・機械検査	・紳士服製造	
・ダイカスト	・プラスチック成形	
・電子機器組立て	・パン製造	
・電気機器組立て	・機械保全	民間の指定試験機関

6．試験科目とその内容

　工程管理～作業指導までは，各職種共通問題となっていますが，設備管理では対象設備が職種により少し特殊なため，一部未対応部分が有ります。また現場技術においても，一部で各職種固有の出題となっているため，一部未対応部分が有ります。

　なお本テキストでの対応状況は，職種別に下記通りになっています。
　　　◎：本テキストにて対応　　　　　○：本テキストでほぼ対応
　　　△：本テキストで一部細目対応

対象職種＼試験科目	工程管理	作業管理	品質管理	原価管理	安全衛生管理及び環境の保全	作業指導	設備管理	各職種に関する現場技術
鋳造	◎	◎	◎	◎	◎	◎	◎	◎
金属熱処理	◎	◎	◎	◎	◎	◎	◎	◎
機械加工	◎	◎	◎	◎	◎	◎	◎	◎
放電加工	◎	◎	◎	◎	◎	◎	◎	◎
金型製作	◎	◎	◎	◎	◎	◎	◎	◎
金属プレス加工	◎	◎	◎	◎	◎	◎	◎	◎
工場板金	◎	◎	◎	◎	◎	◎	◎	◎
めっき	◎	◎	◎	◎	◎	◎	◎	○
仕上げ	◎	◎	◎	◎	◎	◎	◎	◎
機械検査	◎	◎	◎	◎	◎	◎	◎	◎
ダイカスト	◎	◎	◎	◎	◎	◎	◎	○
電子機器組立て	◎	◎	◎	◎	◎	◎	◎	◎
電気機器組立て	◎	◎	◎	◎	◎	◎	◎	◎
半導体製品製造	◎	◎	◎	◎	◎	◎	○	△
プリント配線板製造	◎	◎	◎	◎	◎	◎	○	△
自動販売機調整	◎	◎	◎	◎	◎	◎	○	△
光学機器製造	◎	◎	◎	◎	◎	◎	○	△
内燃機関組立て	◎	◎	◎	◎	◎	◎	◎	◎
空気圧装置組立て	◎	◎	◎	◎	◎	◎	◎	○
油圧装置組立て	◎	◎	◎	◎	◎	◎	◎	○
建設機械整備	◎	◎	◎	◎	◎	◎	◎	○
婦人子供服製造	◎	◎	◎	◎	◎	◎	○	△
紳士服製造	◎	◎	◎	◎	◎	◎	○	△
プラスチック成形	◎	◎	◎	◎	◎	◎	○	○
パン製造	◎	◎	◎	◎	◎	◎	○	△
機械保全	◎	◎	◎	◎	◎	◎	◎	◎

７．過去の受検合格者数

（厚生労働省の『「技能検定」の実施状況のまとめ』より抜粋）

(1)全職種合計合格者数

	平成29年度	平成30年度	令和元年度	令和２年度	令和３年度
受検申請者数	5,236	5,288	4,900	4,534	4,825
合格者数	1,159	1,657	670	960	1,993
合格率（%）	22.1	31.3	13.7	21.2	41.3

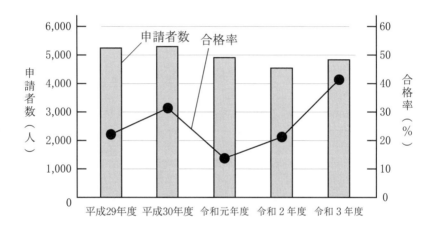

(2)職種別合格者数（申請者数の上位５職種）

機械加工

	平成29年度	平成30年度	令和元年度	令和２年度	令和３年度
受検申請者数	1,087	1,154	933	956	1,050
合格者数	218	455	91	180	460
合格率（%）	20.1	39.4	9.8	18.8	43.8

機械保全

	平成29年度	平成30年度	令和元年度	令和2年度	令和3年度
受検申請者数	631	681	745	680	736
合格者数	171	183	161	156	296
合格率（%）	27.1	26.9	21.6	22.9	40.2

仕上げ

	平成29年度	平成30年度	令和元年度	令和2年度	令和3年度
受検申請者数	503	491	430	357	388
合格者数	65	133	34	94	150
合格率（%）	12.9	27.1	7.9	26.3	38.7

電子機器組立て

	平成29年度	平成30年度	令和元年度
受検申請者数	404	375	352
合格者数	104	122	53
合格率（%）	25.7	32.5	15.1

金属熱処理

	平成29年度	平成30年度	令和2年度	令和3年度
受検申請者数	345	348	334	359
合格者数	81	103	50	147
合格率（%）	23.5	29.6	15.0	40.9

機械検査

	令和2年度	令和3年度
受検申請者数	320	360
合格者数	87	161
合格率（%）	27.2	44.7

受検ガイド

１．試験日

　　１月下旬　〜　２月初旬

２．申込期間

　　10月上旬　〜　10月中旬

３．合格発表

　　３月中旬

４．受検手数料

　学科試験受検手数料

　　　　　3,100円（職種「機械保全」の場合は4,000円）

　実技試験受検手数料

　　　　　18,200円（職種「機械保全」の場合は15,400円）

※都道府県により異なる場合があります。詳しくは各都道府県の職業能力
　開発協会へ問い合わせください。

５．問合せ先，受検申込み先

○「機械保全」以外の職種の場合　　：各都道府県の職業能力開発協会
○職種「機械保全」の場合：民間の指定試験機関
　　　　　　　　　　　　　（日本プラントメンテナンス協会）

「試験の概要」および「受検ガイド」については，年度によって変更の可能性があります。事前に，試験機関にお問い合わせください。

第 1 章
工程管理

 # 工程管理とは

1 工程とは

　工程とは，原材料や部品など（インプット）を機械・設備などを用いて，加工・組立を行って，より有用なもの（アウトプット）に変換する現場のことです。

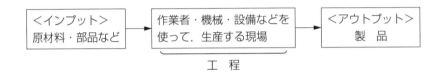

2 工程管理とは

　工程管理とは，「市場の要求を満たし，かつ効率の良い生産計画を立て，各工程において品質・納期・コストの目標達成を目的とした活動」のことです。
　工程管理の流れから機能を整理すると，次のように計画機能と統制機能になります。

計画機能（※1）　　　　　　統制機能（※2）
※1：計画機能…目標を設定し，目標達成のための具体的な方法を決定します。
※2：統制機能…生産を実施し，進捗状況を把握します。また計画と結果に差異
　　　　　　　　が発生すれば，活動を修正します。

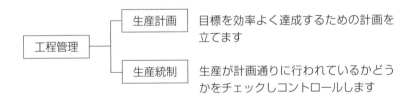

3 工程管理の位置付け

生産管理は，「顧客要望の品質（Q）・コスト（C）・納期（D）を満足する製品を生産する諸活動を計画し，統制・調整して生産活動全体の最適化を図る」ことです。

工程管理は，この生産管理機能の中の「生産計画と生産統制」に関するものとなります。

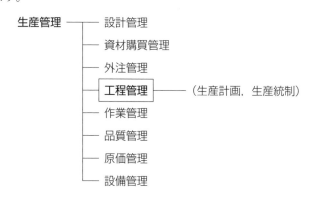

```
生産管理 ── 設計管理
         ── 資材購買管理
         ── 外注管理
         ── 工程管理 ──── （生産計画，生産統制）
         ── 作業管理
         ── 品質管理
         ── 原価管理
         ── 設備管理
```

歴史：工場管理の出発点

　19世紀後半〜20世紀初頭までは，工場の規模も小さく組織も単純であったため，生産は熟練労働者にたよることが多かった。工業が発展してくると，工場の規模も大きくなり，組織も複雑化した。そんな中で，フレデリック・テイラーは『科学的管理法』を提唱した。

成り行き管理	・経営者が全ての管理・監督を行うことは出来なくなった
↓	
出来高払い制度	・能率をあげるしくみとして出来高払い制度を導入した
↓	
賃率の引き下げ	・賃金が増大し過ぎたため賃率を引き下げた
↓	
組織的怠業	・労働者は抵抗して組織的な怠業（サボタージュ）を行った
↓	
科学的管理法	・テイラーは，1日の労働者の作業量を測定して公正な仕事量を決定した これが科学的管理法と言われる近代的な工場管理の出発点である

工程管理

第2節 生産活動の流れ

生産活動は，対象製品や受注の受け方・数量などによって異なります。しかし，活動の手順や方法は異なっても，基本的な機能は以下のように整理できます。

1 生産活動の基本

(1)需要予測

生産活動は需要の予測から始まります。市場での需要や顧客からの注文を予測して，生産計画（将来のある期間に生産すべき製品とその数量）の元データとします。

(2)製品設計

顧客ニーズに基づき，技術的検討を加えて必要機能を設計します。低コストで生産できるように，製造方法や材料などを決定します。

(3)工程設計

効率よく生産するために，工程や作業を分割・再構成しながら平準化された工程を目指します。

(4)生産計画

顧客ニーズを満たす製品を，必要な納期に必要な数量が得られるように，人・物・設備・方法（生産の4M）を活用しながら立てる計画です。手順計画・工数計画・人員配置・資材計画・日程計画などから，成り立っています。

(5)生産実施・生産統制

指示された生産を行います。そして，指示通りの生産が行われているかどうかの状況を把握し，生産統制を行います。

(6)検査・試験

完成した製品の検査（及び試験）を行います。

(7)在庫

生産活動・販売活動を効果的に行うために，製品在庫を持ちます。急変する需要や生産トラブルに対応します。

(8)出荷

需要に応じて，該当製品を出荷します。

2 生産活動の流れ

　日常の生産活動においては，前述の基本活動が行われるのですが，この流れ（活動順序）は，生産形態によって異なります。

(1)見込み生産の場合

　需要予測 → 製品開発 → 設計 → 材料調達 → 生産実施 → 検査

　　　　　　　→ 在 庫 → 受 注 → 出荷

> ※見込み生産では，顧客ニーズに基づいた「需要予測」が活動のスタートです。そして製品開発をして，受注前に生産を行って在庫を有して出荷となります。

(2)受注生産の場合

　受 注 → 設計 → 材料調達 → 生産実施 → 検査 → 出荷

> ※受注生産では，顧客からの「受注」が活動のスタートとなります。受注ごとに製品を設計し，生産を行って出荷します。

第3節 生産の形態

1 受注形態による分類

(1)見込み生産方式

　顧客ニーズを予測して製品を開発・設計し，受注前に生産し，在庫を有して製品を出荷する生産形態です。

　事例　白物家電製品，日用雑貨品，など

(2)受注生産方式

　顧客からの注文に基づいて製品を都度設計し，出荷する生産形態です。汎用性の高い設備を使用し，製品在庫は持ちません。

　事例　注文住宅，オーダーメイド製品，など

	特　徴	長　所	短　所
見込み生産 方式	需要予測に基づいた計画生産	・受注変動に在庫で対応 ・操業度が安定 ・生産機種数が一定	・需要変動により在庫過大の恐れ ・需要変動で品切れリスクも有り
受注生産 方式	顧客からの注文に基づいた生産	・顧客の要望を取り入れ易い ・在庫管理費用が不要	・操業度が不安定 ・多品種の生産が必要

2 生産量による分類

(1)少種多量生産

　少品種の製品を多量に生産する方式です。見込み生産方式の場合は，少種多量生産でロット生産方式・連続生産方式が多くなります。

(2)多種少量生産

　多品種の製品を各々少量ずつ生産する方式です。受注生産の場合は，多種少量生産で個別生産方式が多くなります。近年では，ロットの小さいロット生産方式も適用されています。

　現在の世の中のトレンドとしては，顧客ニーズの多様化により，多種少量生産が増える傾向にあります。

3 流し方による分類

(1)個別生産方式

　受注があるたびに，その都度1回限りの生産を行う方式です。多様な顧客ニーズへの対応として，類似設計，機能別工程，多能工化などがカギとなります。

　事例　大型船舶など

(2)ロット生産方式

　品種ごとに生産量をまとめて，複数の製品を交互に生産する方式です。部品の共通化や標準化，ある程度の多能工化，段替え工数の最小化などがカギとなります。

　事例　白物家電製品など

(3)連続生産方式

　同一製品を専用工程にて一定期間連続して生産する方式です。大量生産のため，徹底した共通化や標準化，専用機（単能機），専門工，などがカギとなります。

　事例　日常食料品など

※ 3つの分類の相互関係

　注文方法・品種と生産量・仕事の流し方という3つの視点から生産を分類すると，それぞれに密接な関係があります。

　たとえば，受注生産の場合は多種少量生産が多く，かつ個別生産になることが多くなります。一方，見込み生産の場合は少種多量生産が多く，かつ連続生産が多くなります。また，ロット生産は個別生産と連続生産の中間的形態であり，受注生産と見込み生産のどちらの場合もあります。

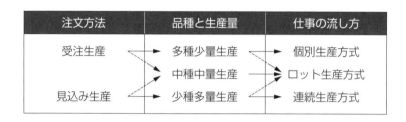

注文方法	品種と生産量	仕事の流し方
受注生産	多種少量生産	個別生産方式
	中種中量生産	ロット生産方式
見込み生産	少種多量生産	連続生産方式

4 その他の生産方式

(1) 1人生産方式

　1人の作業者が，通常静止した状態の品物に対して作業を行う方式です。

(2) 1個流し生産方式

　1個を加工したら次工程に送る方式で，工程間に仕掛りを作らずに1個づつ流す生産方式です。

(3) セル生産方式

　グループテクノロジーによって，製造すべき多種の部品を類似のグループ（ファミリー）に分けるとともに，各ファミリーの製造工程を1人又は数人の作業者が作り上げる方式です。

　作業者を多能工化して柔軟性を高め，人間性を回復させる方式と言われています。

(4) ジャストインタイム（JIT）生産方式

　前工程の要求に応じて，「必要な物を，必要な時に，必要な量だけ」を生産する方式で，「かんばん方式」とも言われます。

　本方式のネライは，徹底的なムダ取りによる，中間仕掛品の削減と生産リードタイムの短縮です。

⑸MRP 生産システム

　生産計画・部品構成・在庫などの情報に基づいて，資材の必要量と時期を決め，部品の生産計画を立案する生産管理システムです。

　■ MRP の手順

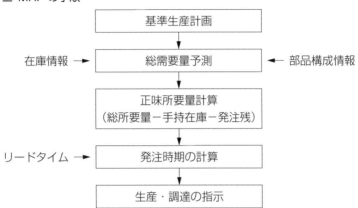

　※MRP：資材所要量計画（Material Requirements Planning）

⑹製番管理方式

　受注生産などで製造命令書を発行する時に，その製品に関する全ての加工と組立の指示書を同時に準備し，同一の製造番号を付けて管理する方式です。

⑺追番管理方式

　追番（おいばん）とは累積番号のことで，部品や半製品に対して，基準となる日からの累積番号を付けて，発注や進度管理を行う方式です。

期　日	生産台数	追番
4月1日	50台	10001～10050
4月2日	75台	10051～10125
4月3日	65台	10126～10190
:	:	:

⑻CIM（コンピューター統合生産システム）

　生産に関する全ての情報を共通のデータベースを用いて，統括的に制御・管理することにより，受注から出荷に至る活動の最適化を図るシステムです。

⑼FMS（フレキシブル生産システム）

　作業や搬送を含めて，生産設備全体をコンピュータで自動化し，統括的に制御・管理したシステムです。類似品の混合生産が可能であり，多種少量生産に適したシステムです。

⑽ストックポイント生産方式

　ストックポイントとは，工場内での材料や部品などの在庫場所のことです。ストックポイント生産方式では，部品〜共通半製品までを在庫として保有し，受注確定後に最終製品まで組み上げる生産方式です。

第4節 生産計画

　生産計画とは，対象製品を生産するにあたって，最も合理的・経済的に，工程と作業の順序や工数および日程などを決める計画のことです。

(1)手順計画	対象製品の設計情報（製品図面など）から，必要作業・工程順序・作業順序・作業条件を決めること
(2)工数計画	手順計画によって決められた加工手順および仕事量に基づいて，職場別・工程別に人・日，人・時などの工数として算定すること
(3)基準日程計画	各作業に必要な標準作業時間をベースに，工程間の運搬時間・停滞などの余裕時間などを加え，全体の生産に必要な標準日程を明らかにすること
(4)負荷計画	基準日程に従って，納期までに作業完了するよう各工程に仕事量を割り当てること
(5)日程計画	各工程に負荷された仕事に対して，作業の開始・終了時刻または作業にかかる順序を決めること

■ 受注～作業指示まで

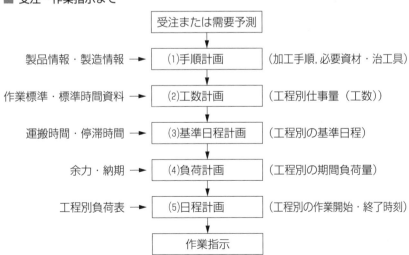

1 手順計画

生産技術者が部品図や組立図をもとに，加工方法や必要設備・作業手順などを決定します。

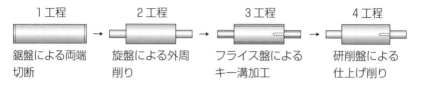

1工程	2工程	3工程	4工程
鋸盤による両端切断	旋盤による外周削り	フライス盤によるキー溝加工	研削盤による仕上げ削り

2 工数計画

部品加工や組立のための所要工数を，職場別・工程別に，何人の作業者で何台の機械でどの位の時間がかかるかを明らかにします。

※負荷計画や日程計画の元情報となります。

部品A・部品Bを機械Cで加工するときの標準工数

	生産数量 （時間あたり）		標準工数 （人・時間／個）
部品A	10個	→	0.1
部品B	20個	→	0.05

3 基準日程計画

標準的な日程であり，日程計画を作成する基準となるものです。基準日程は，一般的に次の式で表わされます。

基準日程 ＝ 作業標準時間 ＋ 工程待ち時間 ＋ 運搬時間など

■ 基準日程表

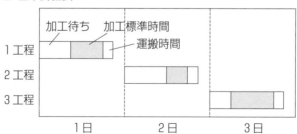

4 負荷計画

納期内に生産が完了するように，各工程に仕事量を割り当てます。

<生産個数>：部品A×960個／月　　部品B×2,560個／月
<設備の生産能力>
　部品Aの加工設備能力：1,600個／月
　部品Bの加工設備能力：3,200個／月

このとき各設備別の負荷は

　部品Aの加工設備　⇒　　960／1,600　＝　0.60　　負荷率60%で生産可能
　部品Bの加工設備　⇒　2,560／3,200　＝　0.80　　負荷率80%で生産可能

5 日程計画

　日程計画では，作業の開始日は完成予定日から基準日程の日数を差し引くことによって求まります。実際には，同一機械で同一日時に2種以上の基準日程が重なるときには，日程をずらす必要が生じます。したがって，実行可能な日程計画は，基準日程よりも長くなります。

(1)日程計画の種類と特徴

種　　類	期　　間	計　画　の　目　的
大日程計画 (期間生産計画)	6か月～1年	将来の計画期間に必要な設備・人員・資材の必要量を決める
中日程計画 (月度生産計画)	1～3か月	必要な設備・人員・資材の入手時期を決める
小日程計画 (日程計画)	1～10日	生産の着手，完了時期を決める

(2)生産スケジューリング

　日程計画を立てることをスケジューリングと言います。

①ジョブショップ・スケジューリング

　機能の類似した設備を一群に集めた配置に適用されるスケジューリングです。多種少量生産の場合に採用されます。

具体的には，次の2つの方法があります。

〈順序づけ法〉

　配分された全仕事の総所要時間が最小になるように計画する手法

〈ディスパッチング法〉

　1つの仕事が終わるごとに，当工程で加工待ちとなっている仕事の中から，次の仕事を選ぶ方法

②フローショップ・スケジューリング

　工程の順序に従って，各工程に必要な機械を配置した場合に適用されるスケジューリングです。少種多量生産の場合に採用されます。

〈ジョンソン法〉

　工程が2つの場合に，総作業時間を最小にする作業の順序づけ手法

③アロー・ダイヤグラム法（PERT手法）

　目的の生産を完成させるのに必要な作業が，複雑に絡み合っている場合のスケジューリング法です。そのため，工程の順序や先行関係を明らかにし，全体の日程に影響を及ぼす作業を抽出して，重点的管理の必要な作業を明確にします。

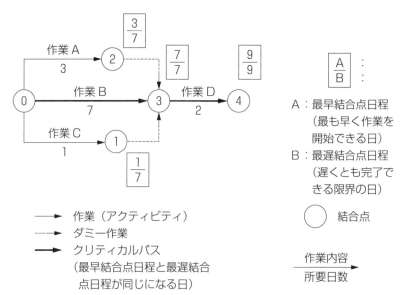

32

④ガントチャート

日程計画と実績を同時に示したもので，生産進捗管理に活用します。

製品名	予定生産量	区分	日程															
			1	2	3	4	5	6	7	8	9	10	11	12	13	14	15	16
製品P	300個	計画	←工程→					←工程B→					←工程C→					
		実績	←----→					←----→					←----→					
製品Q	500個	計画				←工程A→					←工程C→							
		実績				←----→					←----→							

⑤サイクルタイムとリードタイム

日程計画を立てるにあたって大事な時間の設定です。

〈サイクルタイム〉

製品が製造ラインから作り出される時間間隔のことです。

・サイクルタイム＝工程の稼働時間÷生産数量

〈リードタイム〉

製造に着手してから完成品になるまでの所要時間のことです。作業を始めるまでの期間，待ち時間，検査，運搬などの期間を含みます。(手配番数，略して手番ともいう)

第5節 生産統制

　生産統制とは，工程管理機能の1つであり，生産計画に対応して「作業指示」「進度管理」「余力管理」「現品管理」などで構成されており，生産の進捗を統制・調整することです。

(1)作業指示	作業票・検査票・出庫票・移動票などによって，現場で行う作業を具体的に指示をすること。（日程計画で作業の順序や開始・終了時刻を決めた後に指示します）
(2)進度管理	仕事の進捗状況を把握し，計画と実績を比較検討し，差異があれば必要な処置をとること。（日々の進み具合を調整することにより納期を守ります）
(3)余力管理	各工程あるいは個々の作業者について，現在の負荷状態と現有能力とを把握し，能力と負荷を均衡させること。（常に一定の余力を確保しつつ能力と負荷を調整します）
(4)現品管理	現品（資材・仕掛品・製品など）について，運搬・移動や停滞・保管の状況を管理すること。（現品の数量・所在を確実に把握します）

※生産統制の機能

　①作業指示　：作業の具体的指示

　②差異の測定：生産の進度把握と余力把握に重点

　③差異の処置：計画に対する差異が発生した場合，原因を究明し処置を実行

　■ 生産計画と生産統制の関係

生産計画 ――→ 生産統制
日程計画 ――→ 進度管理
工数計画 ――→ 余力管理
材料・部品計画 ―→ 現品管理

1 作業指示

　作業指示は，日程計画に基づいて作業を割り当てます。これは「差立て」ともいいます。具体的には，どの作業を・いつ・どの作業者（または機械）に作業をさせるかという作業の割り当てのことです。

　内容の記入された「作業票」を「差立板」などを活用しながら行います。

■ 作業票

作　業　票							
No.					発行日　年　月　日		
工　号		作　番		図　番		職　場	
名　　称					工　　程		
数　　量		完成日時			作　業　者		
指定時間		実際時間			機　　械		
着手日時		終了日時			前 工 程		
不 良 数		不良原因					
記　　事							
認　　印	発行者	職　長	主　任	工程係	原価係	保　管	

2 進度管理

　進度管理では，日程計画の進捗を把握し，計画と実績に差異があれば原因を調査して必要な処置をとります。

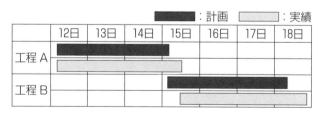

	12日	13日	14日	15日	16日	17日	18日
工程 A							
工程 B							

■：計画　□：実績

3 余力管理

余力管理では，人員や機械設備の能力と仕事量（負荷）との調整を行います。
余力とは，能力と負荷との過不足を表しています。

■ 余力表

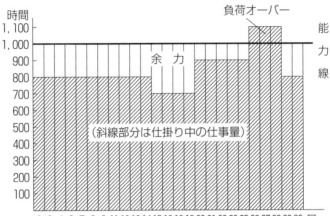

4 現品管理

　現品管理とは，工場に納入された材料や部品が最終製品になるとき，ある時点において，それぞれの現品の所在地と数量を確認することです。具体的には，現品保管の責任者や場所・方法などを明らかにし，現品票などを活用して工程間の受け渡しを行います。

5 用語説明

⑴生産統制に使用する帳票類

　①作業伝票

　　日程計画が決められると，作業伝票(作業票，出庫票，検査票，移動票)によって，具体的に作業指示が行われます。

　　・作業票：作業内容・作業時間を記載し作業開始を指示

　　・出庫票：材料や部品あるいは治工具などの出庫を指示

　・検査票：作業の中間品や完成品の検査・記録を指示
　・移動票：各工程間における加工品の移動時期や移動先の指示

②現品票

　職場内を流動する仕掛品に添付されて，その現品の製造番号・品名・品番・数量・次工程名および納期などを示す文書です。

■ 現品票

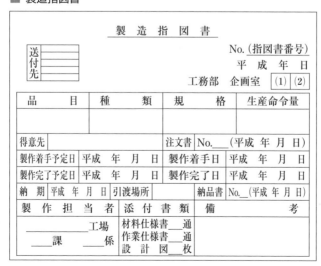

③製造命令書（製造指図書）

　製造命令を示す文書であり，製造指図書・工事命令書・作業命令書などがあります。製造命令書には，注文者・品名・生産量・納期などが記載されます。

■ 製造指図書

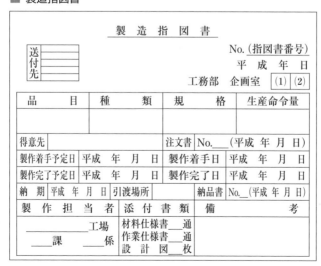

工程管理

37

④製造三角図

連続生産方式で用いられる管理図表で、生産計画と生産実績を日時を追って示したものです。

計画と実績の「縦の差」が数量の遅れ（または進み）であり、「横の差」が日数の遅れ（または進み）を表しています。

■ 製造三角図

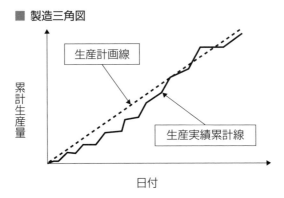

⑤流動数曲線

日々の仕事の受入数の累計と完成数の累計を表わした曲線です。両者の「縦の差」が仕掛り在庫量であり、「横の差」が生産期間（生産リードタイム）を表わしています。

■ 流動数曲線

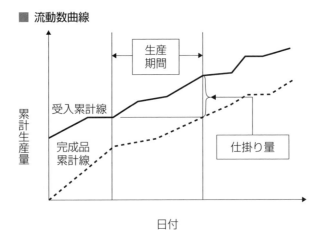

⑵機能別配置と製品別配置

①機能別配置

機能の類似した設備を集めて配置する方式です。品物の種類が多く，生産量が少ない場合に採用されます。機能別配置はジョブショップとも呼ばれます。

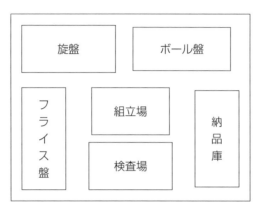

②製品別配置

工程の順序に従って，各工程に必要な機械が配置された方式です。品物の種類が少なく，生産量が多い場合に採用されます。

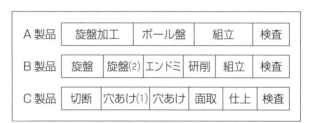

⑶生産計画の緩衝機能

生産計画を効果的に進めるためには，生産の変動を何らかの方法で吸収し，その影響をなくすようにしなければなりません。この変動を吸収する機能のことを「緩衝機能（バッファ）」といいます。緩衝方法として次の3つがあります。

　①物による緩衝　　②能力による緩衝　　③時間による緩衝

39

第6節 発注・在庫管理

　需要変動や注文の遅れ，また作業が生産計画通りに進まなかった場合に，生産の計画と実績に差異が生じます。

　このような状況でも，在庫を持っていると品切れを起こさずに，顧客にスムーズに製品を提供することが出来ます。

1 発注方式

(1)定期発注方式

　発注する時期を，たとえば月初と指定しておき，その時期がきたら必要な量をその都度決定し，発注する方式です。

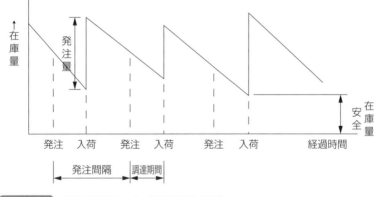

特　徴	発注間隔は一定（発注量は変動）
利　点	①需要の変動に対応できる ②多品目を同時に手配できる ③在庫量を少なくできる
対象製品	①厳密な在庫管理を行うため，使用金額の大きい重要品目（A グループの品目） ②需要の変動が大きく，季節性がある品目 ③急速に陳腐化が起こる危険性の多い品目

　発注量 ＝（発注間隔＋調達期間）の需要予測量 ＋ 安全在庫量
　　　　　　　　　　　　　　　　　　　　　　　　 － 発注時点の有効在庫量

　有効在庫量 ＝ 手持ち在庫量 ＋ 発注残 － 引当量

⑵定量発注方式

　発注点方式とも言われ，在庫量が一定の水準（発注点）まで下がったら，一定量の発注を行い，在庫を管理する方式です。

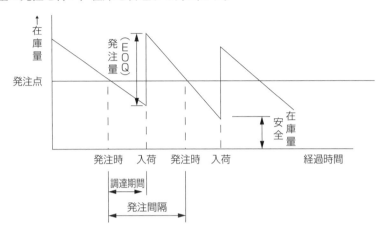

| 特　徴 | 発注量は一定（発注量は経済的発注量（EOQ）） |

| 利　点 | ①管理が簡単である
②在庫管理が確実である
③発注量は合理的である |

| 対象製品 | ①比較的単価が安い品目（B，Cグループの品目）
②頻繁に使用し，死蔵在庫になる危険性の少ない品目
③需要予測が立てにくい設備保全用資材などの品目 |

発注点 ＝ 納入のための調達期間の平均需要量 ＋ 安全在庫量

2 経済的発注量（EOQ）

　1回当りの発注量を多くすれば，在庫量が増えるため保管費用は増加します。しかしながらその反面，発注回数は減るため，発注費用は少なくてすみます。

　逆に1回当りの発注量を減らすと，その逆のことが言えます。このように保管費用と発注費用は，発注量に関して相反する傾向にあります。下図に示すように，両者の合計費用が最小になる発注量を『経済的発注量（EOQ）』と言います。

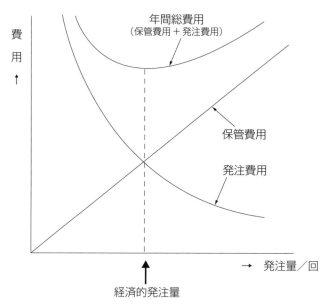

$$経済的発注量（EOQ）= \sqrt{\dfrac{2 \times 発注費用 \times 需要量}{保管費用}} = \sqrt{\dfrac{2 \times C_1 \times R}{C_2}}$$

　　　　　　　C_1：1回当りの発注費用
　　　　　　　C_2：在庫品1個当りの保管費用
　　　　　　　R：計画期間の推定需要量

EOQ：Economic Order Quantity

3 在庫の ABC 分析

　在庫品目には，金額が高く量の多いものもあれば，安価で少量しか使わないものもあります。そのような場合，金額や量に応じて在庫管理の管理レベルを変える必要があります。

　そのためには，ABC 分析を行うと効果的です。

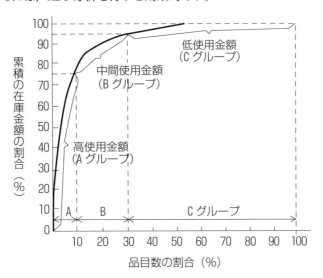

(1)A 品目の場合

　在庫金額の大半を占め，少数だが重要品目のため，厳重な管理を行って在庫金額をできるだけ少なくします。

　対象品目　・高価で需要変動の大きなもの
　　　　　　・共通性に乏しいもの
　発注方式　定期発注方式が多い

(2)B 品目の場合

　A 品目と C 品目の中間に当たるもので，重要度に応じてウエイト付けを行って管理します。

　対象品目　A 品目と C 品目の中間に当たるもの
　発注方式　定量発注方式が多い
　発注量　　経済的発注量（EOQ）

(3) C 品目の場合

多数であるが，安価で在庫金額の占める割合が小さいため，管理の手間を省き，在庫量を少し多めにします。

対象品目	多数であるが安価なもの
発注方式	簡易発注方式が多い
管理方法	・ダブルビン法：２つの容器を用意し，一方が空になったとき手配する。
	・スリービン法：３つの容器を使う。
	・包装法　　　：容器が袋になっている。

4 安全在庫量

発注してから納入されるまでの間（リードタイム）に，手持ち品を使い切って品切れが生じることのないように，需要変動を吸収する在庫が必要になります。

この在庫量を「安全在庫量」といいます。

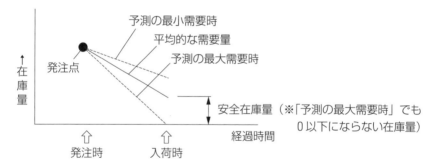

44

演習問題〈学科試験編〉

問題1　工程管理の役割に関する記述において，正しいものはどれですか
- イ．工程管理には，外注管理・原価管理・品質管理などがある。
- ロ．工程管理の主な機能は，計画機能と統制機能である。
- ハ．工程管理を適切に進めるためには，管理・監督者の技能が最も大切である。
- ニ．管理を合理的・効率的に行う活動を「3Sのサイクル」という。
- ホ．工程管理の中心は作業管理である。

問題2　生産活動の基本に関する記述において，正しいものはどれですか
- イ．見込み生産における管理活動は，受注生産より，進度管理・現品管理・余力管理が大切である。
- ロ．生産に必要な仕事量を仕事別・工程別に，人・時間の単位で算定することを負荷計画という。
- ハ．製品に関する設計情報などから，必要作業・作業手順などを決める活動を手順計画という。
- ニ．生産に必要な設備や治工具の入手時期を決める活動を資材計画という。
- ホ．品質管理の主な目的は，受入検査を確実に行うことである。

問題3　生産形態に関する記述において，正しいものはどれですか
- イ．セル生産方式は，製品毎に仕様の異なる製品には適用できない。
- ロ．個別生産方式は，需要予測に基づいて生産される製品に適している。
- ハ．ストックポイント生産方式は，見込みで部品や半製品を作っておき，受注に応じて生産する方式である。
- ニ．個別生産方式で生産される代表的な製品に，家庭用電気機器がある。
- ホ．生産する品種が少なく，生産ロットの大きな生産方式は，多種少量生産である。

問題4 生産計画に関する記述において, 誤っているものはどれですか

イ. 基準日程に従って, 負荷工数と生産能力を調整して仕事を割り当てることを負荷計画という。

ロ. 生産するにあたって, 経済的な加工手順や作業方法を決めることを手順計画という。

ハ. 各作業に必要な標準作業時間を加工順序に従って並べ, 所要日数を明らかにしたものを基準日程計画という。

ニ. 各工程に負荷された仕事に対して, 作業の開始・終了時刻または作業にかかる順序を決めることを負荷計画という。

ホ. 加工手順に基づいて, 仕事別・工程別に人・日, 人・時などの工数として算定することを工数計画という。

問題5 日程計画に関する記述において, 誤っているものはどれですか

イ. 大日程計画では, 将来必要な設備・人員・資材の必要量を決める。

ロ. 中日程計画は, 必要な設備・人員・資材の投資額を決める目的で立てる。

ハ. 小日程計画では, 各工程の作業開始・作業終了時刻を決める。

ニ. 日程計画を立てる目的としては, 工程稼働率の向上・短納期への対応などがある。

ホ. 日程計画を立てる一般的用具として, ガントチャートやパート図(PERT図) などがある。

問題6 組立工程における各作業 A. 〜E. において, 下表のような前後関係があるとき, 最初に行う作業はどれですか

イ. 作業 A
ロ. 作業 B
ハ. 作業 C
ニ. 作業 D
ホ. 作業 E

	前作業	後作業
①	作業 B	作業 A
②	作業 C	作業 E
③	作業 A	作業 D
④	作業 C	作業 B
⑤	作業 A	作業 E

問題7　現品管理に関する記述において，誤っているものはどれですか

イ．現品管理の目的の一つとして，「仕掛品の数量確認」がある。

ロ．現品管理の基本的機能は，現品の運搬・移動と現品の停滞・保管の状況を管理することである。

ハ．現品管理では，現品の紛失防止や運搬作業・保管作業の合理化などを行う。

ニ．現品管理では，記録・報告を確実に実施し，現品の保管・受け渡しを確実に行う。

ホ．現品管理とは，作業が日程計画通りに進んでいるかどうかを確認し，予定の進度を確保することである。

問題8　進度管理に関する記述において，適切でないものはどれですか

イ．進度管理の効率アップ策として，「製品完成時期を予定より早める」がある。

ロ．進度管理の調査結果は，ガントチャートなどにまとめられる。

ハ．進度管理の業務は，作業の進捗把握・遅延の処置と対策などである。

ニ．進度管理は，個別生産方式における日程管理に重要である。

ホ．進度管理の目的は，納期の確保と決められた生産スピードの確保である。

問題9　余力管理に関する記述において，適切なものはどれですか

イ．余力とは，生産計画に対する作業の進捗具合のことである。

ロ．余力管理とは，基準日程を基に，納期までに作業が完了するよう，各工程に作業を割り当てることである。

ハ．余力管理の目的は，在庫量を少なくすることである。

ニ．余力管理は，人や機械設備の能力と負荷を調整して，手待ち時間を少なくし，進度の適正化を図ることである。

ホ．ロット生産における余力管理方法として，シングル段取りがある。

問題10　在庫管理に関する記述において，適切でないものはどれですか

イ．定期発注方式での発注量は，在庫量の影響を受ける。

ロ．ABC 分析の目的は，在庫品を区分して，管理の重点の置き方を決めることである。

ハ．比較的単価の高いもの，需要変動の大きいものは，定量発注方式が適している。

ニ．ABC 分析における A 区分では，一般に定期発注方式が多い。

ホ．定量発注方式では，発注時点間の間隔は，使用速度の変化などによって変動する。

解答と解説〈学科試験編〉

問題1 解答 ロ

解説

工程管理の機能として，生産計画・生産実施・進捗確認・差異調整があるが，これらを整理すると，計画機能と統制機能となる。

イ．の外注管理・原価管理などは，生産管理の範囲となる。

ニ．の管理を合理的・効率的に行う活動は，PDCA サイクルという。

問題2 解答 ハ

解説

手順計画とは，製造方法を決定し，具体的に必要作業や作業順序などを決める活動である。

イ．の進度管理・現品管理・余力管理は，受注生産の方がより大切となる。

ロ．の説明は，負荷計画でなく工数計画の説明である。

ニ．の説明は，資材計画でなく日程計画の説明である。

ホ．の品質管理の主な目的は，顧客要望に合った品質の品物を経済的に作り出すことである。

問題3 解答 ハ

解説

ストックポイント生産方式は在庫点管理方式とも言われ，受注生産でありながら，積極的に仕掛品在庫を持つことになる。

イ．セル生産方式は，製品ごとに仕様の異なる場合に有意となる。

ロ．個別生産方式は，受注都度の1回限りの生産方式である。

ホ．の品種が少なく，生産数の多い生産方式は，少種多量生産である。

問題4 解答 ニ

解説

各工程に負荷された仕事に対して，作業の開始・終了時刻または作業にかかる順序を決めることは，「日程計画」という。その他の文章（ニ．以外）は全て正しい。

問題5　解答　ロ

解説

中日程計画の作成目的は，必要な設備・人員・資材などの入手時期を決めることである。その他（ロ. 以外）の文章は全て正しい。

問題6　解答　ハ

解説

この問題では，「前作業－後作業」の前後関係を紙上に並べて見る（左が前作業，右が後作業）。並べた結果，最も最初の前作業が作業Cであることが分かる。

	前作業	後作業
①	作業B － 作業A	
②	作業C ──────────── 作業E	
③	作業A ── 作業D	
④	作業C － 作業B	
⑤	作業A ── 作業E	

問題7　解答　ホ

解説

現品管理とは，資材・仕掛品・製品などの運搬・移動や停滞・保管の状況を管理することであり，「作業が日程計画通りに進んでいるかどうかを確認」ではありません。ホ. 以外の文章は全て正しい。

問題8　解答　イ

解説

進度管理の目的は，日程計画通りに進めることであり，製品の完成時期を予定より早めることではない。その他の文章（イ. 以外）は全て正しい。

問題9　解答　ニ

解説

　余力管理は，能力と負荷を調整して，手待ち時間を少なくして進度の適正化を図ることであり，ニ．の文章は適切である。

　イ．の余力とは，能力と負荷の過不足のことである。

　ロ．の余力管理とは，人と機械の能力と負荷（工数）の調整である。

　ハ．の余力管理の目的は，人と機械の能力と負荷の均衡である。

　ホ．段取り時間管理は，工程管理に含まれるが余力管理ではない。

問題10　解答　ハ

解説

　比較的単価の高いもの，需要変動の大きいものは，定量発注方式ではなく定期発注方式が適している。その他の文章（ハ．以外）は全て正しい。

演習問題〈実技試験編〉

問題1 次の記述は，ある製品メーカーの工程で，ロット生産から混合生産への切り替えを検討しているものである。各設問に答えよ。

　A社では，近年の顧客からの要望の多様化に伴い，ロット生産方式での限界を感じ，混合生産方式に切り替えたいと考えている。そこでまず手始めとして，現在の品種数のままで混合生産に切り替えたい。更には，新製品(5)を加えて5種類の製品を混合生産する計画である。

製品別の生産量

製品名	生産量	
	ロット生産/混合生産	混合生産
製品(1)	100台	100台
製品(2)	120台	120台
製品(3)	160台	160台
製品(4)	100台	100台
製品(5)	－	120台
合　計	480台	600台

［条件］
①全ての製品(1)～(5)の1台当りの生産
　時間は3分である。
　（ロット生産でも混合生産でも同じ）
②製品の切り替え時間は考えなくて良
　い。
③余裕時間や稼働率なども考えなくて
　良い。

［ロット生産］

(1), (1), ‥‥, (1), (2), (2), ‥‥, (2), (3), (3), ‥‥, (3), ‥‥‥

製品(1)の
ロット生産
（100台）　　製品(2)の
ロット生産
（120台）　　製品(3)の
ロット生産
（160台）

［混合生産］

(3), (2), (5), (4), (3), (1), (2), (5), (3), (4), (1), (2), (3) ‥‥‥

　1台づつ異なる製品を生産する。

設問1．現在の品種数（4品種）のままで混合生産に切り替えた場合，製品(2)は1台当たり何分間隔の生産となるか。

設問2．設問1．において，製品(2)は3時間ごとに何台出荷することになるか。

設問3．新たに製品(5)を加えた混合生産で，製品(5)は何分間隔の生産となるか。

52

問題2　次のライン編成に関する要件に基づいて，各設問に答えよ。解答の数値は小数点第二位を切り上げて，少数第一位までで答えよ。

（要件）⑴ある製品の生産情報（要素作業及びその作業時間）は，下表の通りである。

<要素作業ごとの作業時間（分）>

要素作業	a	b	c	d	e	f	g	h	i	合計
要素作業時間	4.8	3.0	3.4	4.0	3.0	5.0	2.6	3.4	5.8	35.0

注意　① 要素作業a，b，c，‥は最小作業であり，a，b，c，‥は作業順序である。
　　　② 製品1個当たりの作業時間は，全要素作業時間の合計である。
　　　③ 生産は，安定的な連続生産を想定している。

⑵製品の生産形態は連続生産であり，ライン編成は直列工程である。

⑶ラインの生産能力は，月ごとの出荷量に合わせて算出する。

　　（1ヵ月の稼動日数は20日間，平常8時間／日）

⑷ラインで生産した製品は，1日の終業時に製品在庫として製品置場に保管して維持管理する。

⑸製品置場では，先入れ先出し方式で製品を管理し，出荷は1日の終業時に月当たり総出荷量を日割りで等分した量を出荷する。

⑹管理する製品の1日当たり在庫量は，1日分当たり出荷量の1.2倍とする。

設問1．次月の総出荷量が1,200個／月であるとき，次月のライン生産能力として必要なピッチタイムと実際に必要な最小の工程数及び製品の1日当たり在庫量を求めよ。

（詳細は次ページを参照）

【今月の生産状況】

　　今月の総出荷量は800個／月であり，ラインの生産能力として必要なピッチタイムとライン編成に必要な最小の工程数及び製品の１日当たり生産量（＝出荷量）と在庫量の状況は，次のようになっている。

　　ラインのピッチタイム：12.0分／個　　　　工程数：３工程

　　製品の生産量（＝出荷量）：40個／日　　　在庫量：48個／日

ライン編成	工程1			工程2			工程3		
要素作業	a	b	c	d	e	f	g	h	i
要素作業時間	4.8	3.0	3.4	4.0	3.0	5.0	2.6	3.4	5.8
合計時間	11.2			12.0			11.8		

設問２．今月末日の生産を平常８時間で終了して，次月の生産に移行すると，次月の初日に在庫として維持すべき在庫量に不足が生じる。この不足分を今月末日の平常時間外に生産する場合，その必要となる時間を求めよ。

解答と解説〈実技試験編〉

＜問題1＞

設問1. 解答 　12分間隔

解説

　混合生産における製品(2)は，全480台中120台の生産量である。したがって，生産頻度は4台に1台であるため，生産間隔は　4台 × 3分／台 ＝ 12分　となる。

設問2. 解答 　15台出荷

解説

　3時間での総生産台数は下記のようになる。

　　（3×60分）　÷　3分／台　＝　60台

　この60台のうちの製品(2)の台数は

　　60台 × $\dfrac{120台}{480台}$ ＝ 15台　となる。

設問3. 解答 　15分間隔

解説

　製品(5)を加えた混合生産における製品(5)の生産数は，全600台中120台である。したがって生産頻度は5台に1台であるため，生産間隔は　5台 × 3分／台 ＝ 15分となる。

＜問題2＞

設問1.

解答	
ピッチタイム	8.0分／個
工程数	5工程
在庫量	72個／日

解説

　次月に1,200個／月を生産するためには，60個／日の生産が必要となる。したがって，ピッチタイムは次記以下が必要である。

（8時間 × 60分）÷ 60個／日 ＝ 8分／個

ピッチタイム「8分／個以下」で，ライン編成を整理し直すと下表になる。

ライン編成	工程1		工程2		工程3		工程4		工程5
要素作業	a	b	c	d	e	f	g	h	i
要素作業時間	4.8	3.0	3.4	4.0	3.0	5.0	2.6	3.4	5.8
合計時間	7.8		7.4		8.0		6.0		5.8

また出荷量は60個／日であるから，在庫量は　60個／日 × 1.2 ＝ 72個／日　となる。

設問2. 解答　4時間48分

解説

今月末日の必要在庫量は，下記通りとなる。

○総出荷量800個／月のとき　　　800個／月 ÷ 20日 × 1.2 ＝ 48個／日
○総出荷量1,200個／月のとき　　1,200個／月 ÷ 20日 × 1.2 ＝ 72個／日

したがって今月中に，24個（72個－48個）を追加生産しておく必要があり，追加生産に必要な時間は，下記通りである。

24個 × 12.0分／個 ＝ 288分 ＝ 4時間48分

第 2 章
作業管理

第1節 作業管理とは

■1 作業管理の内容

⑴作業の標準化

　作業方法を標準化することにより，品質や工数が安定し，また安全な作業の維持・向上にも役立ちます。

⑵作業の統制

　標準化された作業を維持管理します。管理する内容として「作業方法」「作業時間」「作業実績」があります。

⑶作業の改善

　作業の問題点解決や作業効率アップを目指して，改善活動を行います。改善案が決定されると標準書を改訂し，作業者教育を実施します。

■2 作業の種類と作業時間

　作業を管理上の性質や有効性によって区分すると，次のようになります。

拘束時間（勤務時間）				
実働時間（稼働時間）				休憩時間
直接作業時間（標準時間）			間接 作業時間	
準備段取 作業時間	主体作業時間			
	主作業時間	付随 作業時間		
正味時間（正味作業時間）		余裕時間		

①直接作業と間接作業

　　直接作業とは正規の作業であり，指示により行われます。これは標準時間となる作業です。間接作業とは，正規外の仕事で設備の保全や清掃・朝礼・会議などです。

②主体作業と準備段取作業

　　主体作業は，有用な作業のことであり，加工ロットサイズで繰り返し行われます。

　　準備段取作業とは，1日に1回または1ロットに1回発生する作業で，加工開始前の段取替えや，材料の準備・不良品の処置などが含まれます。

③主作業と付随作業

　　主作業とは，作業の主目的に直接結びついているものであり，例えば切削作業の場合，実際に切削加工を行っている作業です。

　　一方付随作業とは，主作業に付随して発生するもので，機械加工時のワーク取付けや取外しなどが含まれます。

④正味作業と余裕作業

　　上述の直接作業は，規則性によって，更に正味作業と余裕作業とに分けられます。正味作業とは，正規の作業であり規則的に繰り返されます。一方余裕作業は，正味作業の遂行に付随して不規則に発生するもので，職場余裕や疲労余裕などがあります。

3 作業分析の手法

　　作業分析の手法は，『作業研究』ともいわれています。作業を分析・改善して最も適切な作業である標準作業を決定する『方法研究』と，標準作業を行うときの標準時間を求める『作業測定』とから成り立っています。

```
作業研究 ┬─ 方法研究（標準作業を見い出すための研究）
         └─ 作業測定（標準時間を求めるための研究）
```

大分類	中分類		小分類	
方法研究 （作業方法 を決定）	(1)工程分析		①流れ分析	
			②加工経路分析	
			③運搬工程分析	
	(2)動作研究		①サーブリッグ分析	
			②メモモーション分析	
			③マイクロモーション分析	
作業測定 （標準時間 を決定）	(3)時間研究	直接時間 研究	①ストップウオッチ法	
		間接時間 研究	PTS法	①WF法
				②MTM法
	(4)稼働分析		①連続稼働分析	
			②ワークサンプリング法	

⑴工程分析

　方法研究の代表的なものであり，材料投入～加工・製品出荷に至るまでの工程全体の流れについて，分析します。最も順序良く，合理的な工程を編成します。

⑵動作研究

　作業者の身体動作や目の動きなどを分析し，ムダの無い，最も経済的・合理的な作業方法を見付け出す手段です。動作研究では，動作のムダを省くための心構えである動作意識（モーションマインド）の養成に便利です。

⑶時間研究

　仕事を要素作業に分割し，その作業を遂行する時間を測定して，作業に必要な標準時間を決定する手段です。ストップウオッチやビデオ撮影などを利用して行う直接時間研究と，基本動作の標準時間値の資料から標準時間を求める間接時間研究があります。

⑷稼働分析

　稼働分析とは，作業者または機械設備の稼働率や稼働内容の時間構成比率を求める手段です。稼働状況の観測には，連続観察によるものと瞬間観察によるものとがあります。

第2節 作業の標準化

標準とは，関係する人々の間で便利なように，共通化・単純化された取り決めのことです。また標準化とは，標準を設定し，これを組織的に繰り返し使用する行為のことをいいます。

1 作業標準の役割

(1)作業のばらつき防止

作業者による作業のばらつきを少なくし，作業時間のばらつきや不良品の発生を防止します。

(2)作業方法の伝達

作業方法の文書化により，作業者に伝え易くなり，作業者にとっても見て理解し易くなります。

(3)ノウハウの蓄積

過去の経験を生かして，最も良い作業方法を文書化することにより，それが技術的ノウハウの蓄積となります。

(4)作業改善の基礎資料

作業改善を行いたい時のたたき台（ベース資料）として活用することが出来ます。

(5)作業者への教育

作業者を教育するテキストとして利用出来ます。新人や転籍者の導入訓練時に活用できます。

　＜作業標準のネライ＞
　　①製品の品質を維持・向上させる。
　　②製造原価の維持・削減を図る。
　　③納期の遵守・数量の確保を図る。
　　④作業者の安全の確保・向上を図る。

② 標準化の進め方

作業方法の標準化は，一般的に次のような手順で進められます。

(1)現状作業の実態把握

工程や作業の実態を調査するとともに，作業能率や不良率・安全性などを細かく把握します。

(2)問題点の洗い出し

悪い物は作らない・後工程へ不適合品を流さないという考えで，問題点を整理します。

(3)作業の改善

問題点に対して，原因と結果の関係をつかみ，管理面・検査面の両方から作業改善をします。

(4)作業の標準化

作業のポイントを絞り込んで，誰もが実行できる標準化とします。図・表・写真などを活用して，分かり易く・使い易い標準書を作成します。

(5)原案の試行

試行を行い，当初の目標達成が可能かどうかを確認し，問題があれば，更に工夫を加えて改善します。

■ 作業標準書の作成例

作 業 標 準 書							
製品名		製品番号		工程名		工程番号	
使用材料・使用部品							
作 業 手 順				主なポイント			
1．入荷部品の検査を行います。				・図面に基づいて，ノギスにより検査します。			
2．治具に部品を取り付けます。				・治具にφ8.5穴部を嵌め込み，レバーで固定します。			
3．ボール盤でφ6穴を開けます。				・皿モミ部にドリルを当てて，座グリ中心に穴を開けます。			

3 標準時間の設定

標準時間とは，その仕事に適正を持ち習熟した作業者が，所定の作業条件の下で，必要な余裕を持って，正常なペースで仕事を遂行するのに必要な時間のことです。

(1)標準時間の構成

標準時間は，主体作業時間と準備作業時間とで構成されており，いずれの時間も正味時間と余裕時間から成り立っています。

標準時間　＝　主体作業時間　　＋　　準備段取作業時間
標準時間　＝　正味時間　　　＋　　　余裕時間

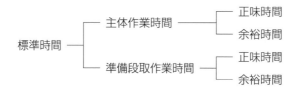

(2)正味時間の求め方

標準時間は，種々の作業測定により設定されます。測定方法については，『第4節　作業測定の方法』を参照してください。

正味時間を直接作業を観測して求める場合は，次のような係数を使用します。

正味時間　＝　観測時間　×　レイティング係数（※1）

※1．レイティング係数

観測した時の作業員は，必ずしも標準技能を持った作業員とは限りません。この時間値には個人差があるので，それをレイティング係数によって修正します。

このレイティングを行う手法の1つに，レベリング法（平準法）があります。レベリング法とは，評価の要因を技能（熟練）・努力（働く意欲）・環境（条件）・一致性（安定性）の4項目から係数が与えられるものです。

(3)余裕時間の求め方

余裕時間とは，正味時間（作業遂行の正味の部分）を継続して行うのに必要な余裕の時間のことです。作業者は，休み無しに1日中作業し続けることは困難です。一般的に余裕時間には，次の4つがあります。

種類	内　容	
①作業余裕	作業に関する余裕 （機械注油，片付け，やり損ない　など）	管理余裕
②職場余裕	職場管理に関する余裕 （作業指示，打合せ，伝票記入　など）	
③疲労余裕	精神的・肉体的な疲労に関する余裕 （休憩，小休止　など）人的余裕	人的余裕
④用達余裕	作業疲労以外の生理的要求に関する余裕 （用達，水飲み　など）	

また，余裕率の表わし方には次の2通りがあります。

○**標準時間＝正味時間＋余裕時間**

$\qquad$ ＝正味時間（1＋余裕率）　…　外掛法

$\qquad$※余裕率＝余裕時間／正味時間

○**標準時間＝正味時間／（1－余裕率）　…　内掛法**

$\qquad$※余裕率＝余裕時間／標準時間

種　類	稼働分析の方法		
①作業余裕	ワークサンプリング法 （瞬間観測法） ※1	連続稼働分析 ※2	
②職場余裕			
③疲労余裕			フリッカーテスト（※3）
④用達余裕			

※1：ワークサンプリング法（瞬間観測法）

　　ある時刻に現場を巡回し，作業員がそのとき何をしているかを瞬間的に観測する方法

※2：連続稼働分析

　　作業員の行動を連続して一日中観察し，ストップウオッチや腕時計で測定する方法

※3：フリッカーテスト

　　光を点滅させ，ちらつき（フリッカー）が見えるかどうかの境界回転数（フリッカー値）を測定し，値が小さいほど疲労度が高い

第3節 方法研究について

設定された作業をより最適な作業に近づけるために、作業を分析・改善してそれを標準作業とします。ここでは、その分析方法について学びます。

1 工程分析

工程分析とは、原材料〜製品になるまでの変化の過程を「加工・運搬・停滞・検査」に区分し、工程図により問題点や改善点を見つけます。各工程は、以下のような記号を使って表されます。

■ 基本記号

記号	内 容	
○	①加 工	
○	②運 搬	
▽	③停 滞	貯蔵
⌓		滞留
□	④検 査	数量検査
◇		品質検査

■ 複合記号

記号	内 容
◈	品質検査を主として行いながら、数量検査も行う
▨	数量検査を主として行いながら、品質検査も行う
⬭	加工を主として行いながら、数量検査も行う
⬯	加工を主として行いながら、運搬も行う

⑴流れ分析

　流れ分析を行うにあたっては，まず作業場の配置図の上に工程図記号を記入し，人と物の流れを経路順に線で結びます。この図を「流れ線図」といいます。

　これにより，作業場内で実際に物がどう動いているかが，分かるようになり，レイアウトを改善したり，運搬経路や運搬機器を改善するのに役立ちます。

■ 流れ線図

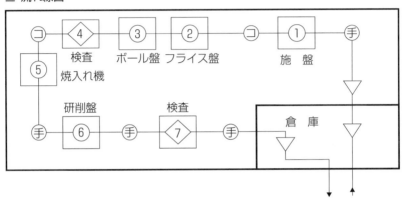

⑵加工経路分析

　多品種の加工経路を明らかにする手法が，加工経路分析です。加工経路の類似性による対象製品のグルーピング資料・工程別の負荷算出・レイアウト改善等に使用します。

■ 加工経路図

部品名	工程						
	素材	加工(1)	加工(2)	加工(3)	加工(4)	溶接	完成
AN11	▽	①	②	③		④	▽
AN12	▽	①		②	③		▽
AS24	▽	①		②			▽
AS31	▽	①		②		③	▽
負荷時間	―	48	12	48	12	24	―

(3)運搬工程分析

　工程には，「移動・取扱い・加工・停滞」の4種類があります。運搬工程分析では，各工程における運搬状態を分析します。製品が各工程や機械で加工されて流されていく状況を，順番に調べ，取り扱われ方や置かれている状況などを記号を使って表現します。運搬の改善などに活用します。

■ 基本記号

工程名	記号	説　　明
移　動	⌓	分析対象（物・人・運搬機器）の位置が変化すること
取扱い	⌒	分析対象（物・容器）の指示方法が変化すること
加　工	◯	物の物理的または化学的変化と検査が行われること
停　滞	▽	移動・取扱い・加工が行われないで停止していること

■ 台記号

名称	記号	説　　明
平(ひら)	───	床，台などにばらに置かれた状態
箱	⌐_⌐	コンテナまたは束などにまとめられた状態
枕	┬─┬	パレットまたはスキッドでおこされた状態
車	○○	車に載せられた状態
コンベア	⊂⊃	コンベアやシュートで動かされている状態

作業管理

② 動作研究（標準作業方法）

　動作研究では，作業者の身体動作や目の動きなどを，ほぼ0.001分の単位の動きで分析します。そして，不必要な作業は排除し，最も合理的な作業順序や組合せから，標準作業方法を決める手法です。

(1)サーブリッグ分析

　作業者の作業を直接観察し，繰り返し性のある短時間作業に適用されます。18の基本動作作業に分かれています。

番号	名称	記号	説明	具体例 机上の鉛筆を取り字を書く作業	分類
1	空手	⌣	からの皿の形	鉛筆の置いてあるところへ手を伸ばす	第一分類
2	つかむ	∩	物をつかむ手の形	鉛筆をつかむ	
3	運ぶ	⌒	皿に物をのせた形	鉛筆をもってくる	
4	組合せる	#	組合せた形	鉛筆にキャップをかぶせる	
5	使う	U	使う（USE）の頭文字	字を書く（鉛筆を使う）	
6	分解する	#	組合せから一本離した形	鉛筆のキャップをはずす	
7	手放す	⌒	皿を逆にした形	鉛筆を手放す	
8	位置決め	9	手で物をおく形	鉛筆の先を書く位置につける	
9	調べる	◯	レンズの形	字のできばえを調べる	
10	探す	◯	目で物を探している形	鉛筆がどこにあるか探す	第二分類
11	見出す	◎	目で見つめる形	机の上の鉛筆を見つけた	
12	選ぶ	→	選んだ物を指示した形	数本のなかから適当なものを選ぶ	
13	用意する	8	ボーリングのピンを立てた形	使いやすいように鉛筆を持ち直す	
14	考える	♀	頭に手を当てて考えている形	どんな字を書くか考える	
15	保つ	∩	磁石に物を吸い付けた形	鉛筆を持ったままでいる	第三分類
16	避けられない遅れ	⌒	人が倒れた形	停電で字が書けなくなって手待ちする	
17	休み	♀	人が椅子に腰かけた形	疲れたので休む	
18	避けられる遅れ	♀	人が寝ている形	よそ見をして字を書かずにいる	

上表において，基本動作は次の3つに分類される。
　第一分類：仕事を進めるのに必要な要素
　第二分類：これがあると，第一類の要素を遅くする傾向のあるもの
　第三分類：仕事が進んでいない要素

⑵フィルムによる分析

文字通り映画や VTR で撮影して，作業者の動作を解析するものです。

①メモモーション分析

VTR で撮影した作業を分析する際に，映写が長時間となるのを防ぐため，早送りを行って，長い作業時間が短時間で観測できる方法です。稼働状況を大まかにつかんだり，異常状態の発見などに使います。

| VTR 撮影 | ⇨ 早送り再生で長時間作業の稼働状況を把握 |

作業管理

②マイクロモーション分析

通常速度で撮影した映像を遅い速度で再生して，動作を詳細に解析するために用いられる方法です。作業の微小時間の分析が可能です。

| VTR 撮影 | ⇨ 遅い速度で再生して動作を詳細に把握 |

<動作経済の原則>

これは，動作研究によって引き出された動作の改善方法を集めたノウハウ集です。動作を最も効率良く行うための基本原則は，次の4つと言われています。

○動作経済の4原則　①動作の数を減らす
　　　　　　　　　　②動作を同時に行う
　　　　　　　　　　③動作の距離を短くする
　　　　　　　　　　④動作を楽にする

作業測定の方法

　作業測定とは，「作業または製造方法を改善したり，標準時間を設定するための手法」であり，時間研究ともいいます。

　また作業測定（時間研究）は，直接時間研究と間接時間研究とに分けられます。

1 直接時間研究（ストップウオッチ法）

　直接時間研究は「ストップウオッチ法」とも言われ，ストップウオッチを使用して作業時間を直接測定する方法です。

　対象作業は，要素作業に分けて観測し，各要素ごとの時間値を求めます。

　＜時間観測の方法＞

①継続法

　　観測時は時計を動かしたままとし，各要素作業の終了ごとに時間値を読み取り，データシートに記入します。

②早戻し法

　　各要素作業ごとに時計を動かして測定する方法です。各要素作業の開始ごとに時計を動かし，終了時に時計を止めて時間を読み取ります。

2 間接時間研究（PTS 法）

　間接時間研究は「PTS 法（Predetermined time standards）」とも言われ，「標準時間資料法」の一種です。作業方法を基本動作に分解し，その動作を条件に応じて予め定めておいた時間値（標準時間値）に当てはめ，標準的作業時間を求める方法です。

　具体的方法として，WF 法と MTM 法とがあります。

⑴WF（Work Factor）法

基本的な条件として，人間が仕事をする場合，"同じ作業は誰がいつどこで行っても同じ時間でできる"という考えの基に，奨励速度を設定します。（速い作業速度）

動作時間を決める要因（4項目）は次の通りです。

①体の部位　②運動距離　③重量または抵抗　④方向調節

⑵MTM（Method Time Measurement）法

作業を基本動作に分け，その基本動作（10区分）の大きさとなる移動距離，動作の難易度などによって，時間値表を用い作業時間を設定する方法です。

＜PTS法の特色＞

①レイティングの必要がなく，公正な標準時間が設定できる。

②生産開始前に合理的な作業方法が設定でき，作業改善に役立てられる。

③治工具や設備の導入前の検討として，データを活用することができる。

3 稼働分析

稼働分析とは，作業者または機械設備の稼働率や稼働内容の時間構成比率を求める手法です。

⑴連続稼働分析

連続的に稼働状況を観測し分析する手法です。被観測者が意識する欠点はあるが，詳細な観測が可能となります。

⑵ワークサンプリング法（WS法）

一定時間間隔で，瞬間的に稼働状況を観測し記録する手法です。被観測者にプレッシャーをかけず，観測も容易となります。

作業管理

第5節 作業改善の手法と知識

1 作業改善の進め方

(1)改善の手順

①改善対象の選定 …… ・効果大の対象　　・問題のある対象

↓

②事実の把握 …… ・現状の調査分析　　・問題点の把握　　・原因の追究

↓

③改善案の作成 …… ・改善案の作成　　・評価と実験　　・改善提案

↓

④改善案の実施 …… ・実施移行　　・実施促進

↓

⑤フォローアップ …… ・改善効果の把握　　・改善案の標準化
　　　　　　　　　　　・今後の改善計画

(2)合理化の基本原則 … 3 S

標準化を中心として単純化・専門化を含めた合理化の原則です。

①標準化（Standardization）

　物（製品，部品など）や方法（作業方法，事務手続きなど）を整理・分類して，基準を定め共通化・統一化することです。

②単純化（Simplification）

　製品や部品の構成や種類を減らして，作業方法を簡略化することです。

③専門化（Specialization）

　特定の製品に対して，人・物・設備・方法（生産の4M）をそれぞれ専用化することです。

(3)改善の4原則　…　ECRS の原則

工程・作業・動作を対象とした分析時の，改善の指針となります。

①E（Eliminate）　:「排除」　やめられないか

②C（Combine）　:「結合」　一緒にできないか

③R（Rearrange）:「交換」　順序を変えられないか

④S（Simplify）　:「簡素化」　簡単にならないか

2 ライン編成の改善

(1)ピッチタイム（タクトタイム）

ピッチタイムとは，1つの製品の生産に必要な時間であり，製品がそのラインから送り出される時間間隔を意味します。各工程に配分された時間の内，最大時間がピッチタイムとなります。タクトタイムとも言います。

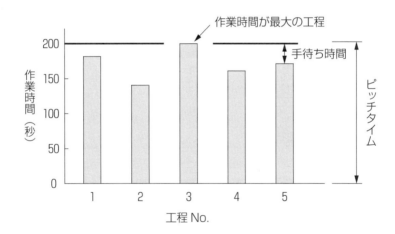

(2)ライン編成効率

上記に示したように，一般に各工程の作業時間は各々異なります。この各ライン毎の作業時間が，どの程度同じであるかを示す尺度として，ライン編成効率があります。

ライン編成効率

＝工程別作業時間の合計／（ピッチタイム×工程数）

(3)ラインバランシング

ラインバランシングとは，生産ラインの各工程に割り付ける作業量を均等化する方法のことです。

例えば，前述の5工程のラインの場合，第3工程の「200秒の作業」の一部（20秒分）を第2工程へ移動したとすると，ライン編成効率は9％改善されます。

(180＋140＋200＋160＋170)／(200×5)×100＝85％ ‥ 改善前

(180＋160＋180＋160＋170)／(180×5)×100＝94％ ‥ 改善後

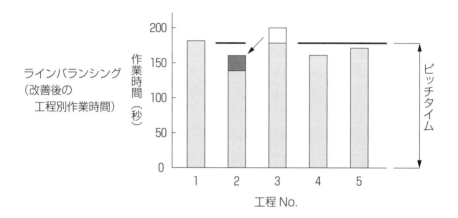

ラインバランシング
（改善後の
　工程別作業時間）

3 アイデア発想法

(1)KJ法

川喜田二郎氏によって開発された。カードに自由にアイデアを書き，そのアイデアを統合・分類しながら相互に関連付けて，共通的な改善ビジョンに仕上げる方法です。

(2)NM法

中山正和氏によって開発された。創造的な思考プロセスを手順化して，その手順に沿ってイメージを発想する方法です。

(3)5W1H法

人に情報を伝えようとするとき，5W1Hを意識して行うことにより，情報をわかりやすく，洩れなく伝えることができます。

When（いつ）　Where（どこで）　Who（誰が）　What（何を）

Why（なぜ）　How（どのように）

⑷ブレーンストーミング法

　グループで自由に意見を出し合い，アイデアの連鎖反応を起こさせて，多様な意見を抽出する発想法のことです。

　アイデア抽出にあたって，４つのルールを設けています。

　　⑴批判厳禁　　⑵自由奔放　　⑶多数歓迎　　⑷結合改善

⑸なぜなぜ分析（５回法）

　トヨタ自動車の大野氏によって開発された。「なぜ？」を５回繰り返すことで，問題の本質に迫っていく発想法です。

⑹MECE（ミッシー）

　モレやダブリを確認することで，まだ出し切れていないアイデアなどを発想させる方法です。

　　⑴物事の分離基準を明確にする　⑵マトリックス上のマスを埋める

４ その他の知識

⑴５Ｓ活動

　５Ｓとは５つの言葉の頭文字をとったもので，作業のムダ・ムラ・ムリの排除や作業標準の維持管理に活用されています。

　①整理　：要・不要を選別し，不要品を廃却すること
　②整頓　：必要なときに，直ちに取り出せる状態にすること
　③清掃　：汚れの無いキレイな状態にすること
　④清潔　：整理・整頓・清掃の状態を保つこと
　⑤しつけ：決められたルールを守る習慣を身に付けること

⑵生産性の指標

　①生産性

　　生産性とは，投入量に対する生産量の比であり，次式で表わされます。

　　　生産性＝生産量／投入量

　　代表的な生産性指標として，労働生産性と設備生産性とがあります。

　　○労働生産性

　　　従業員１人当たり生産量＝生産高／従業員数

　　○設備生産性

　　　機械投資効率＝加工高／設備資産

②稼働率

　　稼働率とは，就業時間もしくは利用可能時間に対する有効稼働時間の比率です。(有効稼働時間とは生産に直接役立っている時間です)

　　　　稼働率＝有効稼働時間／就業時間

③作業能率

　　作業能率とは，有効作業時間における作業の成果を表わしたものであり，工数または生産量から求めます・

　　　　作業能率＝標準工数／実際工数

　　　　　　　　または実績生産量／標準生産量

④総合能率

　　職場全体の能率のことで，部・課などの単位で算出します。

　　　　総合効率＝稼働率×作業能率

(3)スキル管理

　スキルとは，技能(熟練・技量・腕前)のことをいいます。技能は経験によって磨くものであり，経験を積まなければ技能は向上しません。

(4)シングル段取り

　10分以内に段取り替えを完了することをいいます。多種少量生産や短納期の要望に応えるために，有効な考え方です。

(5)GT（グループ・テクノロジー）

　グループ・テクノロジーは，部品の形状や寸法および工作法などの類似性によって工作物を分類し，各グループに対して工作機械を割り当て，なるべく共通の治具や工具を利用することによって，段取り時間や費用を低減させ，運搬や仕掛りも減少させるという考え方です。

　多種少量生産での合理化手段として有効です。

(6)ジャストインタイム

　「必要なものを，必要なときに，必要なだけ生産する」という考え方です。徹底的なムダの排除を表わしており，この考え方の具体例として「かんばん方式」があります。「かんばん方式」は，最終工程だけに生産指示が与えられ，後工程から直前の工程へは『かんばん』という指示書によって，必要量などの情報が伝達される方式です。

演習問題〈学科試験編〉

問題1　作業標準書に関する記述において，正しいものはどれですか
- イ．作業標準書どおりに確実に作業を行えば，工程内検査は一切不要である。
- ロ．作業内容を規定した作業標準書の設定から，標準時間を決めることがある。
- ハ．作業標準書と違った方法で早く作業を終わらせ，余裕時間を有効に使っても良い。
- ニ．作業標準書どおりの作業であれば，品質管理は必要が無い。
- ホ．作業標準書は，作業者の力量を無視して作成できるメリットがある。

問題2　作業の標準化に関する記述において，誤っているものはどれですか
- イ．人的余裕には，疲労余裕が含まれる。
- ロ．余裕率は，標準時間に占める余裕時間の割合である。
- ハ．作業標準は，各工程で基準となる作業要領などの規定である。
- ニ．標準時間は，主体作業時間と作業の余裕時間とで構成される。
- ホ．正味時間は，作業遂行に直接必要な時間である。

問題3　作業の分析手法に関する記述において，正しいものはどれですか
- イ．サーブリック分析を行うことで，作業時間の見積りができる。
- ロ．流れ線図は，レイアウト図面上に工程分析を展開したものである。
- ハ．ワークサンプリングは，連続観測法の1つである。
- ニ．事務帳票の流れの改善には，連合作業分析が有効である。
- ホ．メモモーション分析は，目視動作分析の1つである。

問題4　作業の分析手法に関する記述において，誤っているものはどれですか

イ．サーブリッグ分析は，人の動作を18の基本動作により分析する。

ロ．PTS法は，標準時間資料法の一種であり，間接的な時間研究の手法である。

ハ．ワークサンプリング法では，観測者が対象作業の内容に精通し，レイティングの訓練を十分に積んでいることが必要である。

ニ．メモモーション分析は，スピードのある細かな動作の分析に適している。

ホ．ストップウオッチ法は，対象作業を要素作業に分けて観測し，各要素作業の時間値を求める方法である。

問題5　工程分析に関する記述において，誤っているものはどれですか

イ．工程分析は，一般に物を対象としているのに対して，作業者工程分析は，主に作業者の動きを対象としている。

ロ．運搬工程分析では，工程を「移動・取扱い・荷姿・停滞」の4つの基本記号で表わしている。

ハ．工程分析の特徴は，製造過程を工程別に分け，それを記号で図示することにより分析することにある。

ニ．工程をその内容によって分類すると，製造過程は全て「加工・検査・運搬・停滞」で表わせる。

ホ．工程分析の結果をさらに掘り下げて改善するための分析手法には，詳細工程分析・流れ分析・加工経路分析などがある。

問題6　作業分析の方法に関する記述において，誤っているものはどれですか

イ．運搬工程分析では，「取扱い・加工・停滞」の3種類の工程を対象とする。

ロ．メモモーション分析は，グループ作業の作業者と機械との関係の分析，作業者間の相互関係の分析にも適している。

ハ．PTS 法では，時計を用いないで正味時間を算出する。

ニ．ストップウオッチ法による標準時間の設定は，レイティングによって
　　正味時間を求める必要がある。

ホ．目視による動作分析は，微細で動きの速い動作分析には適さない。

問題7　時間分析に関する記述において，正しいものはどれですか

イ．時間分析の方法としては，客観的レイティングが最適である。

ロ．時間分析は，作業場のレイアウト改善に最適である。

ハ．時間分析では，必ずしも作業方法の標準化を必要としない。

ニ．時間分析を行うことにより，標準時間が設定できる。

ホ．時間分析は，計5回の観測データがあれば十分である。

**問題8　時間研究に関する記述において，誤っているものはどれです
　　　　か**

イ．直接時間測定法による標準時間設定において，レイティングは使えな
　　い。

ロ．ストップウオッチ法で得られた時間資料は，標準時間の基礎資料とな
　　る。

ハ．標準時間を算出するときの余裕率の与え方は，外掛け法と内掛け法と
　　で異なるが，いずれの方法を用いても標準時間は等しくなる。

ニ．ペースレイティングは，観測者が作業時間を観測しながらレイティン
　　グ係数を求め，正味時間を算出するのに用いられる。

ホ．PTS 法や標準時間資料法によって正味時間を求める場合は，レイティ
　　ングの必要はない。

**問題9　作業改善活動に関する記述において，正しいものはどれです
　　　　か**

イ．作業改善に，5S（整理・整頓・清掃・清潔・躾）は役立たない。

ロ．改善の着眼点や改善方法を見い出す5W1H法のHとは，Hour（時
　　間）のことである。

ハ．作業改善の目標である生産性の指標として，労働生産性と設備保全性

が用いられる。

ニ．作業改善に，ECRS の原則が役に立つ。

ホ．作業改善は，「改善対象の選定」「改善案の作成」「事実の把握」の手順で行われる。

問題10 作業改善活動に関する記述において，誤っているものはどれですか

イ．「4M」とは，作業者・設備（機械）・材料・方法（手順）のことである。

ロ．「ECRS」とは，除去する・分離する・交換する・簡単にする　のことである。

ハ．「3ム」とは，ムリ・ムダ・ムラ　のことである。

ニ．「5S」とは，整理・整頓・清掃・清潔・躾　のことである。

ホ．「5W1H」とは，いつ・どこで・誰が・なにを・なぜ・どのようにして　のことである。

解答と解説 〈学科試験編〉

問題1　解答　ロ

解説

　作業管理において作業標準書どおりの作業を行うのが基本です。ただし，そのとおりの作業を行ったからといって，工程内検査を省いたり，品質管理を省略することは出来ません。また通常，作業標準書の対象は，新人でもなくベテランでもない一般の作業者を対象としており，「作業者の力量を無視して作成できる」ということは有りません。

　　したがって正解は，ロ　となります。

問題2　解答　ニ

解説

　イ．人的余裕には，疲労余裕と用達余裕が含まれます。
　ロ．余裕率＝余裕時間÷標準時間　であり，ロ．の文章は正しい。
　ニ．標準時間は，主体作業時間と準備段取作業時間とで構成されています。
　　　したがって，誤っている文章は，ニ　となります。

問題3　解答　ロ

解説

　イ．サーブリッグ分析は，標準作業を見い出す方法ですが，作業時間の見積りは出来ません。
　ハ．ワークサンプリングは，一定時間間隔で記録をとる手法です。
　ニ．連合作業分析とは，複数の作業者間または作業者と機械が行う作業を分析する方法であり，事務帳票の流れ改善には適しません。
　ホ．メモモーション分析は，作業動作分析を行う手法です。
　　　したがって正解は，ロ　となります。

問題4　解答　ニ

解説

　ワークサンプリング法は，瞬間的に観測し記録する方法であるため，作業内容に精通し訓練を十分に積んでいる必要が有ります。

またメモモーション分析は，長い作業時間の稼働状況を大まかにつかむための手法であり，細かな作業には適していません。

したがって正解は，ニ　となります。

問題5　解答　ロ

解説

工程分析においては，製造過程を「加工・検査・運搬・停滞」の4つで表わして分析します。一方，運搬工程分析では，工程を「移動・取扱い・加工・停滞」の4つで表わして分析します。

したがって正解は，ロ　となります。

問題6　解答　イ

解説

運搬工程分析では，「移動・取扱い・加工・停滞」の4つの工程を対象としており，イの文章では「移動」が抜けています。その他は，全て正しい文章です。

問題7　解答　ニ

解説

レイアウト改善には，流れ分析が最適です。また時間分析は，作業標準を行ってから行います。時間分析は，仕事を要素作業に分割し，各要素作業時間を測定して標準時間を設定します。

したがって，ニ　の文章は正しいです。

問題8　解答　イ

解説

直接時間測定法では，標準時間資料法（PTS法など）と違って，測定時の対象作業者の能力を評価してレイティングを行う必要があります。

したがって，正解は　イ　です。

問題 9　解答　ニ

解説

　5W1Hとは，Who（誰が）　What（何を）　When（いつ）　Where（どこで）Why（なぜ）　How（どのように）です。

　生産性の指標としては，労働生産性と設備生産性があります（設備保全性ではない）。また作業改善は，「改善対象の選定」「事実の把握」「改善案の作成」「改善案の実施」「フォローアップ」の手順で行われます。

　以上より，正解は　ニ　となります。

問題10　解答　ロ

解説

　ECRSとは，「排除」「結合」「交換」「簡素化」であり，「分離する」は含まれていません。

　その他の文章は，全て正しいので，正解は　ロ　です。

作業管理

83

演習問題 〈実技試験編〉

問題1 次の事例について，各設問に答えて下さい。数値に端数が生じた場合は，小数点以下第一位を四捨五入し整数値で答えて下さい。

<事　例>

メーカーP社において，ある製品を各工程（1，2，3）を1名づつ計3名で組立生産を行っている。この時の各作業時間は下表の通りであった。

工　程	1				2			3			合計
要素作業	a	b	c	d	e	f	g	h	i	j	
正味時間 （秒）	10	12	8	5	5	8	12	10	8	10	88

［前提条件］

①工程は　1→2→3　の順に進んで，各要素作業も　a→j　の順に進みます。

②この職場の1日の作業時間は，7時間（420分）です。

③作業能率は1.0とし，余裕率は0.20（外掛け法）とします。

設問1．この組立ラインについて，下記の問に答えて下さい。

　問1　1，2，3　の各工程の正味時間（秒）を求めてください。

　問2　ピッチタイム（タクトタイム）（秒）を求めて下さい。

　問3　1日の生産量を求めて下さい。

　問4　ライン編成効率（バランス率）（％）を求めて下さい。

設問2．ラインの生産量を増やすために，各工程の要素作業の分担を見直し，新しいラインを構築しました。以下の問に答えて下さい。

　問1　分担を見直した要素作業はどれですか

　問2　新しいラインのピッチタイム（秒）を求めて下さい。

　問3　新しいラインの1日の生産量を求めて下さい。

　問4　新しいラインの編成効率（％）を求めて下さい。

問題2　次の事例について，各設問に答えて下さい。

<事　例>

　ある B 職場において，A 作業者は下記内容の作業を行っています。

　1 ロット：100個

　正味時間：24秒／個，余裕率は：15％（外掛け法）

設問1．この作業の1個当りの標準時間（分）を求めて下さい。ただし小数
　　　　点第2位までの数値を記入してください。

設問2．実際の A 作業者の作業時間を測定すると，正味時間は50個分で22
　　　　分かかっていました。この A 作業者が，1 ロット生産100個を行うとき，
　　　　標準時間との差（分）はいくらですか。

設問3．また A 作業者の作業のレイティング係数（％）を求めて下さい。
　　　　解答に端数が生じた場合は，小数点以下第一位を四捨五入し整数値で
　　　　答えて下さい。

**問題3　次の表は，作業分析の手法を方法研究と作業測定に分けて，整
　　　　理したものです。小分類欄に該当する手法を下記の語群より選
　　　　んで下さい。**

大分類	中分類		小分類	
方法研究 （作業方法 を決定）	工程分析		①流れ分析	
			②加工経路分析	
			(1)	
	動作研究		(2)	
			②メモモーション分析	
			③マイクロモーション分析	
作業測定 （標準時間 を決定）	時間研究	直接時間 研究	(3)	
		間接時間 研究	(4)	①WF 法
				②MTM 法
	稼働分析		①連続稼働分析	
			(5)	

【選択肢】

　（ア）　サーブリッグ分析　　（イ）　運搬工程分析　　（ウ）　PTS 法

　（エ）　ストップウオッチ法　　（オ）　ワークサンプリング法

解答と解説〈実技試験編〉

<問題1>

設問1.

> **解答** 問1. 正味時間　　工程1：35秒
> 　　　　　　　　　　　工程2：25秒
> 　　　　　　　　　　　工程3：28秒
> 　　　　問2. ピッチタイム（タクトタイム）：42秒
> 　　　　問3. 1日の生産量：600台
> 　　　　問4. ライン編成効率：84%

解説

問1：正味時間　（工程1）10＋12＋8＋5＝35　（工程2）5＋8＋12＝25
　　　　　　　　　（工程3）10＋8＋10＝28

問2：余裕率は0.20であるから，ピッチタイム＝35×1.2＝42秒

問3：1日の生産量＝7×60×60／42＝600台／日

問4：ライン編成効率＝(35＋25＋28)×1.2／(42×3)＝0.8381
　　　※P.73より，「ライン編成効率＝工程別作業時間の合計／(ピッチタイム×工程数)」である。ピッチタイムには余裕率を含むので，作業時間の合計に1.2を掛けている。

設問2.

> **解答** 問1. 要素作業 d.
> 　　　　問2. 新しいピッチタイム：36秒
> 　　　　問3. 1日の生産量：700台
> 　　　　問4. ライン編成効率：98%

解説

問1：工程1の作業時間が最も長く工程2は短いので，要素作業 d. を工程1から工程2へ移すのが良い。

問2：新しいラインの最大正味時間は30秒となるので，新しいピッチタイム＝30×1.2＝36秒

問3：1日の生産量＝7×60×60／36＝700台／日

問4：ライン編成効率＝(30＋30＋28)×1.2／(36×3)＝0.9778

<問題2>

解答	設問1．標準時間：0.46分
	設問2．4.6分
	設問3．91%

解説

設問1　標準時間＝正味時間＋余裕時間＝正味時間×（1＋余裕率）
　　　　　　＝24×1.15／60＝0.46分

設問2　1個当りの作業時間(実測値)　22／50×1.15＝0.506分
　　　　　　〃　　　　　〃　　(標準値)　24／60×1.15＝0.46分
　　　　したがって100個分の実測時間と標準時間との差は，
　　　　(0.506－0.46)×100＝4.6分

設問3　正味時間＝24秒
　　　　実測時間＝22／50×60＝26.4秒
　　　　したがって，レイティング係数＝24／26.4×100＝90.9

<問題3>

解答	(1)イ	(2)ア	(3)エ	(4)ウ	(5)オ

解説

　本章の「第1節　作業管理とは」の「3．作業分析の手法」欄を参照して下さい。

作業管理

第3章
品質管理

品質管理の考え方

1 品質について

(1)品質の定義

　「品質」とは，顧客に提供される製品やサービスが，顧客から要求されるニーズをどの程度満たしているかの程度のことです。すなわち，売り手側である生産者から提供される製品・サービスと，買い手側である顧客（消費者）が求める特性との適合度のことです。

　従来，製品の品質は生産者が決定していましたが，しだいに顧客（消費者）が決定するものという考え方が一般化してきました。

　一般的に，品質は次の「品質特性」またはその「代用特性」によって構成されます。

　　品質特性

　　　買い手である顧客の要求に対応した商品に備わっている特性のことです。例えば，エアコンの品質特性として，外観・冷房能力・消費電力・騒音などがあります。

　　代用特性

　　　製造するにあたっては，上記の品質特性を品質規格や仕様書などで規定される代用特性（直接計測しやすい特性）に置き換えて，設計や製造が行われます。例えば，モータ特性や部品の寸法・精度などです。

(2)品質の種類

　①設計品質（ねらいの品質）

　　　製造の目標として狙う品質のこと（製品規格，材料規格，など）

　②製造品質（できばえの品質）

　　　設計品質を狙って製造した実際の品質のこと（ロット合格率，など）

　③使用品質，市場品質

　　　顧客の使用段階での品質のこと（性能特性，官能特性など）

2 品質を取り巻く環境

(1)工程管理の目的

①Q（品質）　：顧客の要求に合致した製品を作ること。

②C（コスト）：もっとも経済的な費用で作ること。

③D（納期）　：計画された数量を，納期までに作ること。

(2)生産の4要素［4M］（生産達成の手段）

①Man（人）

②Machine（機械・設備）

③Material（原材料・部品）

④Method（方法・技術）

(3)作業環境の5S

①整理　：要／不要を選別し，不要品を廃却する。

②整頓　：必要な時に，直ちに取り出せること。

③清掃　：汚れのないキレイな状態にすること。

④清潔　：整理・整頓・清掃の状態を保つこと。

⑤しつけ：常に決められたルールを守ること。

3 QC的な考え方

　品質管理活動を推進していくためには，組織内のあらゆる部門の人があらゆる段階で，『QC的なものの見方・考え方』に基づいて，実践していくことが大切です。ここに，その見方・考え方を理解するためのキーワード12項目について説明します。

(1)品質第一

　品質第一とは，品質確保を全ての業務に優先することであり，顧客が魅力を感じる満足度の高い商品を供給し続けることです。

品質管理

⑵顧客満足＜マーケットイン＞

　顧客満足とは，「製品またはサービスに対して，顧客が自分の要望を充足していると感じている状態」のことです。また製品の企画・設計・製造・販売など全ての段階で，市場ニーズへの適合を最優先する活動を「マーケットイン」といいます。（「マーケットイン」と反対の言葉が「プロダクトアウト」です。

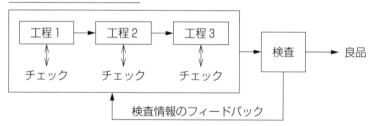

プロダクトアウト　⇨　マーケットイン　　　※品質管理の最終目標は
（生産者の立場）　　　（消費者指向）　　　　　『顧客満足』

⑶プロセス管理（品質は工程で作り込む）

　品質管理では，結果のみを追うのではなく，プロセス（工程）に着目し，これを管理し，やり方を向上させることが大切です。「品質は工程で作り込む」という考え方が，プロセス管理の基本です。

プロセス重視による管理

```
┌─────────────────────────────────┐
│ ┌──────┐   ┌──────┐   ┌──────┐ │      ┌──────┐
│ │ 工程１ │→ │ 工程２ │→ │ 工程３ │─┼───→ │ 検査 │→ 良品
│ └──────┘   └──────┘   └──────┘ │      └──────┘
│    ↕          ↕          ↕     │
│ チェック    チェック    チェック  │
│                                 │
└────────┐  検査情報のフィードバック │
         └───────────────────────┘
```

⑷事実による管理

　経験や勘だけに頼らず，客観的事実を示すデータをとり，整理されたデータから情報を得て，それを基に処理や決定を行います。

三現主義
（現場・現物・現実）

直ちに現場へ行く

現実（事実）を把握する

直接現物を確認する

※事実のつかみ方としては「三現主義（現場・現物・現実）」があります。
　三現主義とは，頭で考える前に現場へ行き，現物を確認し，現実（事実）を把握する，という考えです。

⑸ばらつき管理

　品質特性には，必ずばらつきが有ります。許容できるばらつきと見過ごせないばらつきを，区分けして対処することが大切です。

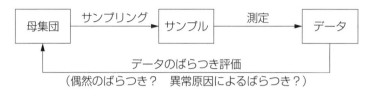

母集団　──サンプリング──→　サンプル　──測定──→　データ
　　　　←────────データのばらつき評価────────
（偶然のばらつき？　異常原因によるばらつき？）

> ※データには，「正常なばらつき（偶然原因）」と「異常なばらつき（異常原因）」とが有ります。「異常なばらつき」であれば原因を追究し，対策を立てる必要があります。

⑹管理のサイクル（PDCA）

　品質管理を合理的・効率的に進めるためには，各活動において「PDCA」といった管理のサイクルを確実に回すことが基本となります。（これは他の管理活動「生産管理，工程管理，原価管理など」全ての活動に言えます）

①Plan（計画）　：計画を立てる。
②Do（実施）　　：計画に基いて実施する。
③Check（確認）：実施状況を確認する。
　　　　　　　　　（差異が有れば，原因追究）
④Action（処置）：適切な処置を行う。

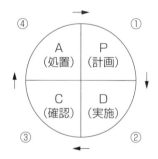

⑺重点指向（選択・集中）

　不具合項目全てに対策を行うのではなく，結果への影響が大きいと思われる項目に焦点を絞って，集中的に取り組んでいくという考え方です。これが重点指向です。

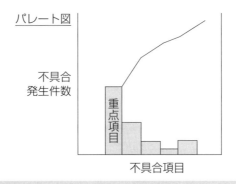

パレート図

不具合
発生件数

重点項目

不具合項目

　なお，問題の絞り込みには，QC 七つ道具の一つであるパレート図を活用すると便利です。

⑻源流管理

　源流管理とは，お客さまに提供する商品やサービスの品質を明らかにして，それを生み出す仕事の流れの源流にさかのぼって，問題が発生しないように，管理することです。より源流側で管理することが大切です。

　　　＜仕事の流れ＞
　　　商品企画 → 設　計 → 生産準備 → 製　造 → 検　査 → 出　荷

⑼再発防止と未然防止

　①応急処置
　　　検査にて不適合品が発見された時は，取り合えず処置を行って，生産を再開 します。これが「応急処置」です。
　②再発防止
　　　不適合品発生の真の原因を究明し，同じ原因での不具合を二度と発生させない対策を立てます。これが「再発防止」です。
　③未然防止
　　　不適合品が発生する前に，計画段階で問題を洗い出し，事前に原因を除去しておくことが重要です。これが「未然防止」です。

⑽後工程はお客様

　企業活動は全て，分業で成り立っています。多くの人たちが仕事を分担して，企業目的を達成していきます。したがって最終製品が顧客に渡ったときに顧客満足を得るには，関わる全ての工程で「後工程はお客様」といった考え方が必要となります。

⑾標準化

　標準化とは，共通的な業務や繰り返し行う業務に対して，標準書や規格書を作成して，教育訓練を通じて関係者に周知徹底させることです。標準化は管理の基本であり，品質管理活動においてはとても大切です。

　「社内標準」の例
　　①作業標準書，②QC工程表，③材料規格，④手順書，⑤マニュアル　など
　標準化のメリット
　　①コストダウン，②技術の蓄積，③品質の向上，④安全・健康の確保

⑿見える化（管理のためのグラフや図解による可視化）

　品質管理においては，正常か異常かが，誰でも一目でわかるようにしておくことが大切です。

　　「見える化」のポイント
　　　①管理する項目を明確にする。
　　　②正常／異常が誰でもすぐわかるようにする。
　　　③異常発見時のアクションを明確にしておく。

品質管理

事例

①圧力測定

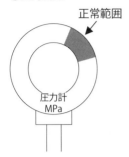

正常範囲

圧力計
MPa

②日常点検表

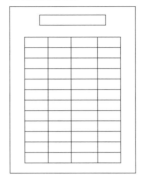

③管理図表示

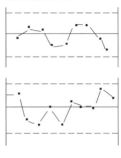

4 TQC 活動

(1)方針管理

　方針管理とは，経営方針や経営理念に基づき，中長期経営計画や短期経営計画を定め，それらを効率的に達成するために，企業組織全体の協力のもとに行われる活動のことです。

　方針は「目標＋施策」で表わされます。目標達成のためにはこの施策が重要です。これにより，各部門が有機的に効率的に取り組むことができます。

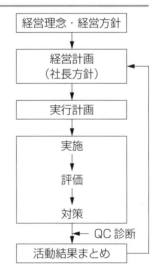

(2)品質保証体制

　顧客満足を得るためには，経営者をはじめ全社の各部門が一体となって，「顧客ニーズを把握し，顧客満足度の高い製品を提供し続ける」という強い意志と同時に，各部門が効率的・効果的に活動できるような，「組織的・体系的な品質保証体制」の確立が重要です。

■ 品質保証体制（例）

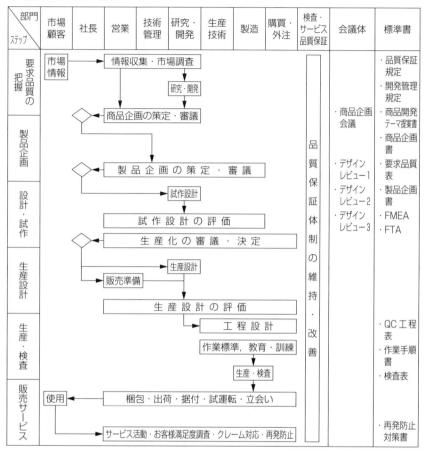

⑶QC サークル

　QC サークルとは，職場の第一線で働く人々が継続的に，製品・サービス・仕事などの改善活動を行う小グループです。職場別であるので，職場が続くかぎり活動も継続されます。

　このグループ活動により，構成員の労働意欲が高まり，企業目的の達成が可能となります。経営参加の１つの方法でもあります。

品質管理

※QCサークル活動の基本ステップとして，次の8ステップがあります。
　ステップ1．改善テーマの選定
　ステップ2．現状把握と目標設定
　ステップ3．問題発生の要因解析
　ステップ4．対策（解決策）の立案
　ステップ5．対策（解決策）の実行
　ステップ6．対策効果の確認
　ステップ7．標準化と管理の定着
　ステップ8．反省と今後の課題

5 品質マネジメントシステム

　品質マネジメントシステムとは，「品質方針・品質目標を設定し，その品質目標を達成するためのシステム」のことです。方針・目標を達成するためには，必要な手順を文書化し，それに従い実行するという PDCA サイクルを回すのが基本となります。

(1)品質マネジメントの7原則

　ISO9000：2015では，「品質マネジメントの原則」として，組織を導き運営するために必要なパフォーマンス改善に向けて，経営トップが用いることのできるマネジメント7つの原則が定められています。

1．顧客重視
2．リーダーシップ
3．人々の積極的参加
4．プロセスアプローチ
5．改善
6．客観的事実に基づく意思決定
7．関係性管理

(2)ISO9000ファミリー規格

　ISO9000ファミリー規格は，ISO（国際標準化機構）で制定された国際規格であり，4つの規格で構成されています。この中のISO9001は，品質マネジメントシステムの要求事項を規定したもので，認証制度の基準規格として採用されています。

■ ISO9000ファミリー規格

規格番号	内　容
ISO9000：2015 （JIS Q9000）	品質マネジメントシステム－基本及び用語
ISO9001：2015 （JIS Q9001）	品質マネジメントシステム－要求事項 （認証取得を目指す組織はこの規格に基づいてシステム構築）
ISO9004：2009 （JIS Q9004）	組織の持続的成功のための運営管理 　　　　　　　　　　　　　－品質マネジメントアプローチ
ISO19011：2011 （JIS Q19011）	マネジメントシステム監査のための指針

※（　）内は，ISO 規格に対応する日本工業規格（JIS 規格）の番号です。

⑶日本的品質管理との相違点・類似点

　日本的品質管理（TQM）は，積極的に顧客要望を取り入れながら，供給者が主体性をもって品質保証を図っていくものです。

　一方ISO9001は，顧客が供給者に対して要求するマネジメントシステムであり，第三者が顧客の立場で品質マネジメントシステムを評価するものです。

項　目	ISO9001	日本的品質管理（TQM）
目　的	顧客要求への合致	顧客満足度の確保，企業体質の改善
主体性	顧客からの要請	供給者の自主性
評価の対象	管理システム	商品・サービス及び経営の質
水　準	現状維持	改善重視

⑷第三者認証制度

　第三者認証制度とは，認証機関という第三者が，供給者の品質マネジメントシステムを評価・登録し，購入者はその登録結果を活用する制度です。ISO9000における品質マネジメントシステムは，この第三者認証制度に基づいて審査し，結果を公表する審査登録制度となっています。

品質管理

第2節 統計の基礎知識

1 母集団とサンプルの関係

　通常，ロットや製造工程からサンプルをとり，サンプルを測定してデータを得ます。そしてそのデータに基づいて，ロットや製造工程の現状を知り，それに対してある判断をし処置を行います。

　この処置の対象となるロットや製造工程のことを母集団といいます。

2 基本的統計量

　前項で説明したように，サンプルを測定したデータから計算される量に基づいて，母集団に対して種々の判断を行います。この計算される量のことを統計量といい，基本的なものとして次の6項目があります。

(1)平均値 ($\overline{X}$)

　個々の測定値（データ）の総和を全個数で割ったものです。

$$\overline{X} = (x_1+x_2+\cdots\cdots+x_n)/n$$

(2)メディアン（中央値：$\tilde{X}$）

　測定値を大きさの順に並べたときの，中央に位置する値のことです。

(3)偏差平方和 (S)

　個々の測定値と平均値との差の2乗をすべて加えたものです。

$$S = (x_1-\overline{x})^2 + (x_2-\overline{x})^2 + \cdots\cdots + (x_n-\overline{x})^2$$

　　※ばらつきの大きさを面積の概念で表わしたものです。

(4)不偏分散 (V)

　データ数の影響を受けないように，偏差平方和を$(n-1)$で割ったものです。

$$V = S/(n-1)$$

⑸標準偏差（s）

　測定値や平均値と同じ「単位」とするために，不偏分散（V）の平方根のことです。

$$s = \sqrt{(V)}$$

⑹範囲（R）

　測定値の最大値と最小値の差のこと。　　$R = x_{max} - x_{min}$

3 工程能力指数

　工程が適合品を作り出せる能力を**工程能力**といいます。工程が管理状態にあった場合，工程能力は下記式で表せます。（$\overline{X}$：平均値，s：標準偏差）

　　工程能力　　$\overline{X} \pm 3s$

　また**工程能力指数**とは，公差（規格上限値と規格下限値との差）を工程能力（6s）で除した値で，C_P という記号で表わされます。

　　工程能力指数　　$C_P = \dfrac{S_U - S_L}{6s}$

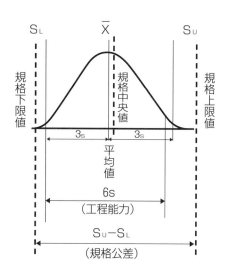

　$\overline{X}$　：サンプルの平均値
　S_U：規格上限値
　S_L：規格下限値
　s　：標準偏差

101

■ 工程能力の判定

No.	C$_P$の値	判　　定
1	C$_P$≧1.67	工程能力は十分すぎる。99.9999%
2	1.67＞C$_P$≧1.33	工程能力は十分である。99.99%
3	1.33＞C$_P$≧1.00	工程能力は十分とは言えないが，まずまずである。99.73%
4	1.00＞C$_P$≧0.67	工程能力は不足している。95.4%
5	0.67＞C$_P$	工程能力は非常に不足している。

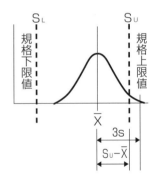

上式で，片寄りを考慮した場合

　工程能力が規格公差に対して，片寄っている場合の工程能力指数は C$_{PK}$ という記号で表わし，次の式で求められます。

　①上限規格値側に片寄っている場合

$$C_{PK} = \frac{S_U - \overline{X}}{3s}$$

　②下限規格値側に片寄っている場合

$$C_{PK} = \frac{\overline{X} - S_L}{3s}$$

4 確率分布

(1)期待値と分散

　測定を何回も繰り返して得た平均値 $\overline{X}$ を期待値と言います。測定回数が無限に近づくほど X の期待値は，母平均 μ に等しくなります。一方分散は，標準偏差を σ とすると，σ^2 と表されます。

⑵正規分布の応用

したがって，正規分布の平均（期待値）と分散は，次のようになります。

$$
\left. \begin{array}{l} E(x) = \mu \\ V(x) = \sigma^2 \end{array} \right\}
$$
正規分布は，N（μ，σ^2）と表現されます。

ここで，変数 x が N（μ，σ^2）に従うとき，x を u=（x-μ）／σに変換すると，変数 u は N（0，1^2）の標準正規分布に従います。

①標準正規分布

標準正規分布において，標準化された確率変数（u）が K_P 値以上の値をとる確率を P として，K_P と P の関係を表にしたのが正規分布表です。

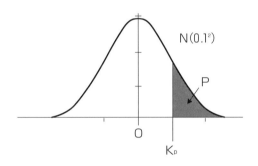

②標準正規分布の区間とその確率

一方，標準正規分布では±σ範囲内に68.3％，±2σ範囲内に95.4％，±3σ範囲内に99.7％含まれることが分かっています。

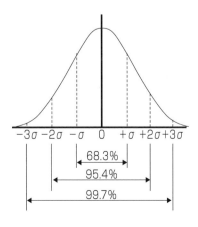

> **例題**
>
> 　平均20.0，標準偏差2.0の正規分布［N（20，2^2）］において，24.0より大きい値が得られる確率Pを求めよ。
>
>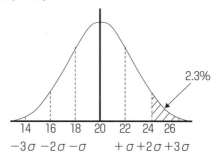
>
> **解答**
>
> 　24.0の点は，$K_P=(x-\mu)/\sigma=(24.0-20.0)/2.0=2.0$　であるから，24.0は「平均値＋2σ」の点である。
>
> 　したがって上記グラフより，「2σ以上」の値をとる確率は，$(100-95.4)/2$ $=2.3\%$となる。

5 統計的検定と推定

⑴統計的検定

　統計的検定とは，2つの集団に関する仮説を立て，その仮説を検証することです。具体的には，立てた仮説（帰無仮説：H_0）に対して，調べたいこと（対立仮説：H_1）が成り立つかどうかを，有意水準（α）のもとで統計的に検定します。

> 　例えば，『ある部品の長さ L が10.0mm に設定されている。ところが最近，納入先より「部品の長さが変化したのではないか」との指摘があったので，変化したかどうかを見極めたい』場合などには，下記手順で検定します。

　手順1．仮説を立てる。

　　　　　帰無仮説　　$H_0：\mu=\mu_0$（$\mu_0=10.0$）

　　　　　対立仮説　　$H_1：\mu\neq\mu_0$

手順2．有意水準αを設定する。

　　　　（一般的には，$\alpha=0.05$）

手順3．棄却域 R を設定する。

　　　　（$\alpha=0.05$のとき，$|u_0|\geqq 1.96$）

手順4．検定統計量 u_0，または t_0 を求める。（得られたデータより求める）

　　　　＜標準偏差 σ が既知のとき＞

　　　正規分布　　$u_0=\dfrac{\overline{X}-\mu_0}{\sqrt{\sigma^2/n}}$

　　　　＜標準偏差 σ が未知のとき＞

　　　t 分布　　　$t_0=\dfrac{\overline{X}-\mu_0}{\sqrt{s^2/n}}$

手順5．判定を行う。

　　　・$|u_0|\geqq 1.96$（棄却域）であれば，「有意である」と判定し帰無仮説を棄却する。

　　　　⇒　長さ L が変化したと言える。

　　　・一方，$|u_0|<1.96$（採択域）であれば，「有意でない」と判定し帰無仮説は棄却しないとなる。

　　　　⇒　長さ L は変化したとは言えない。

※αとβの関係

α：第1種の誤り（αを有意水準ともいう）

　　帰無仮説が真であるのに，帰無仮説を棄却してしまう確率のことです。

β：第2種の誤り（$1-\beta$を検出力という）

　　対立仮説が真であるのに，帰無仮説を正しいとしてしまう確率のことです。

判断＼真実		本当に成り立っているのは（真実）	
		帰無仮説（H_0）が真	対立仮説（H_1）が真
検定結果（判断）	帰無仮説（H_0）が正しいと判断	$1-\alpha$（信頼率）	β（第2種の誤り）
	対立仮説（H_1）が正しいと判断	α（第1種の誤り）	$1-\beta$（検出力）

⑵統計的推定

統計的推定とは，得られたデータから母集団の母数の値（平均や分散）が，どの範囲の値をとるかを統計的に推定することです。この推定には，点推定と区間推定とがあります。

①点推定

点推定とは，母平均や母分散などを１つの値で推定することです。通常は，平均値 $\overline{X}$ や分散 V などが用いられます。

②区間推定

区間推定とは，ある信頼率のもとで推定値がどの範囲の値をとるかを推定することです。信頼率は，一般に95%（0.95）を用います。

⑥ 相関分析と回帰分析

⑴相関分析

要因と特性との関係などは，散布図に表すことでその概略をつかむことができます。そしてそれを更に，特性と要因の関連性の強さの程度を明らかにするのが，相関分析です。

相関分析においては，相関性の強さの程度を数値で表す指標として，相関係数（r）を求めます。

相関係数　　$r = \dfrac{S_{xy}}{\sqrt{S_{xx} \cdot S_{yy}}}$ 　　　　　　（rの範囲：$-1 \sim +1$）

$$S_{xx} = \Sigma \ (X_i - \overline{X})^2 = \Sigma X_i^2 - \frac{(\Sigma X_i)^2}{n}$$

S_{xx}：Xの偏差平方和

$$S_{yy} = \Sigma \ (Y_i - \overline{Y})^2 = \Sigma Y_i^2 - \frac{(\Sigma X_i)^2}{n}$$

S_{yy}：Yの偏差平方和

$$S_{xy} = \Sigma \ (X_i - \overline{X})(Y_i - \overline{Y}) = \Sigma X_i Y_i - \frac{(\Sigma X_i)(\Sigma Y_i)}{n}$$

S_{xy}：XとYの偏差積和

①正の相関　　　②負の相関　　　③相関が無い

(2)寄与率

相関係数の二乗を寄与率といいます。寄与率は y のバラツキのうち，x の変化に起因するものの比率を表わします。

寄与率　　$R^2 = r^2 = \dfrac{S_{xy}^2}{S_{xx} \cdot S_{yy}}$

(3)回帰分析

ある品質特性において，その特性（目的変数）を原因系の他の特性（説明変数）で説明したいときがあります。回帰分析とは，このような回帰式を求める方法であり，下式のように散布図に直線を当てはめる方法です。

回帰式　　　$y = a + b \cdot x$　　　y：目的変数

x：説明変数

回帰係数　　$b = \dfrac{S_{xy}}{S_{xx} \cdot S_{yy}}$　　　a：切片

b：回帰係数

品質管理

第3節 QC 七つ道具

　品質管理活動においては，データを収集し，目的に合わせてしっかりとした情報に加工することは，とても大切です。活用できる手法は数多くありますが，その中でも特に手軽で簡単に使えるのが「QC 七つ道具」です。この手法は，見た目に分かりやすく，使い易いものが多くなっています。

■1 パレート図

　私たちの周りにはいろいろな問題が有り，どこから手を付けて良いか分からないことが，数多く有ります。このようなとき，問題点を明らかにして重要な点から実行することが大切です。この問題点の絞り込みにパレート図が役に立ちます。

　パレート図とは，縦軸に件数や金額などの値を示し，横軸に項目別に値の大きな順に並べた図です。

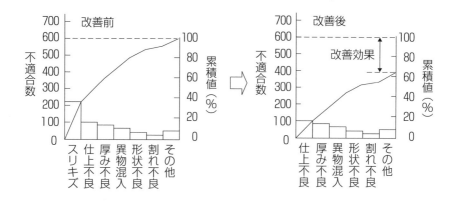

作成のポイント

　①タテ軸に取り上げる特性値は，可能であれば金額で表現する。
　②パレート図は，改善活動後の効果把握にも活用する。

2 チェックシート

　不具合対策などでパレート図やヒストグラムを書くとき，データを取る必要があります。そんなときに役に立つのがチェックシートです。チェックシートとは，必要な項目や枠が事前に記載されており，簡単に記録を取ることができるようにしたシートのことです。

外径寸法チェックシート		品名	シャフト	測定器	ノギス
		規格	5.75±0.15	測定者	高野
No.	区間	中央道	チェック数		度数
1	5.60〜5.65	5.625	/		1
2	5.65〜5.70	5.675	///		3
3	5.70〜5.75	5.725	〳〵〵 〳〵〵 /		11
4	5.75〜5.80	5.775	〳〵〵 ////		9
5	5.80〜5.85	5.825	//		2
6	5.85〜5.90	6.875			0

3 ヒストグラム

　品質管理の基本は，品質にバラツキを与える原因をとらえ，これを改善して管理することです。そのためには，まず特性値の変動状態を把握することが大切です。これを目に見える形に表したのがヒストグラムです。

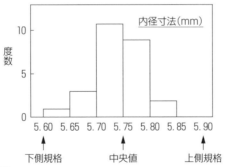

活用のポイント

　①全体の分布状態を眺めて，工程異常の有無を確認する。
　②規格外れが無いかどうかを確認する。
　③機械別・原材料別・作業方法別などにより層別の必要性をチェックする。
　④改善後の効果を把握する。

品質管理

4 特性要因図

　工程などでの問題を解決するには，その問題と結果の関係を整理しておく必要が有ります。特性要因図とは，問題の要因を洗い出して，要因と結果の関係を矢印で関連付けて，魚の骨状に表したものです。

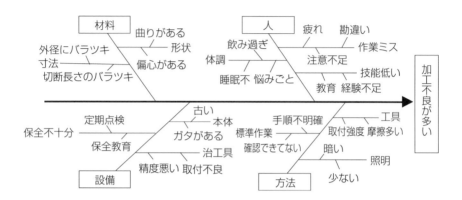

作成手順

①改善テーマ（問題点）を決める。
②問題発生の大きな要因を，４Ｍ（人，機械設備，部品・材料，作業方法）で記入する。
③大骨の要因の要因となる中骨を，更にその要因となる小骨を記入する。
④出来上がったら，全員で再度全体を眺めてチェックする。
⑤影響度の大きな要因にマークをつける。

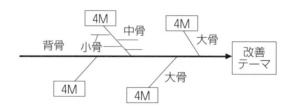

作成のポイント

①できるだけ多くの人の意見を集める。
②要因列挙は，ブレーンストーミング法（a. 批判厳禁　b. 自由奔放　c. 多数歓迎　d. 結合改善）の４原則で進める。

5 グラフ

　現代は感覚の時代と言われ，目や耳などに直接訴えることによって，物事が理解し易くなります。グラフは，データを図形で表し，数値の大小の変化を表したり，数量の大きさを比較したりすることに使用します。

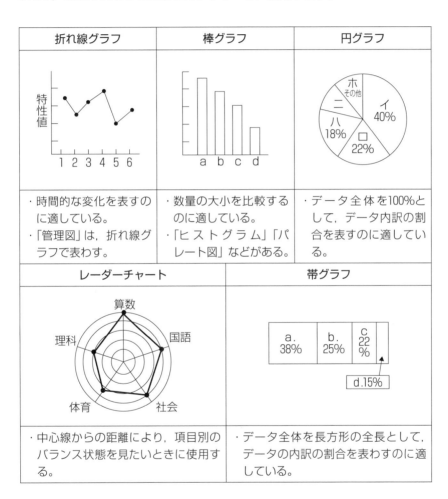

折れ線グラフ	棒グラフ	円グラフ
・時間的な変化を表すのに適している。 ・「管理図」は，折れ線グラフで表わす。	・数量の大小を比較するのに適している。 ・「ヒストグラム」「パレート図」などがある。	・データ全体を100％として，データ内訳の割合を表すのに適している。

レーダーチャート	帯グラフ
・中心線からの距離により，項目別のバランス状態を見たいときに使用する。	・データ全体を長方形の全長として，データの内訳の割合を表わすのに適している。

品質管理

111

6 散布図

来客数と売上高, 勤続年数と給与, ある成分量と強度など対応する 2 つのデータの関係を表したグラフです。関係の有りそうな 2 つの特性, または要因同士を対にしてとったデータを 2 つの軸で表します。

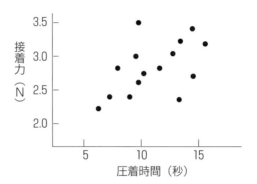

7 層別

層別とは, データの共通点やクセ・特徴に着目して, 2 つ以上のグループに分けることです。層別の必要なデータを層別せずに解析しようとしても, 何の手がかりも得られないばかりでなく, 誤った判断をする可能性が有ります。

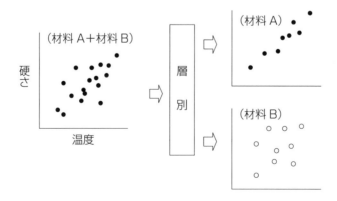

第4節 管理図の種類と活用

1 管理図とは

　管理図とは，工程の状態が「安定」か「異常」かを，客観的に判断する道具です。「安定」とは，データにバラツキが有っても，それが「偶然原因によるバラツキ」と判定される場合であり，「異常」とは，データのバラツキが「異常原因によるバラツキ」と判定される場合です。

　そして，点が管理限界線内にあり，連や傾向にクセが無ければ「安定」（工程は統計的管理状態にある）とします。

2 管理図の種類と適用範囲

⑴計量値の管理図

　①$\overline{X}$－R管理図

　　サンプルの平均値と範囲を計算して，各々のデータを時系列にプロットして，その変化状態から判断します。

　②Me－R管理図

　　平均値の代わりにメディアン（中央値）を計算してグラフ化するのが，Me－R管理図です。

　③X管理図　…　個々のデータ

　　得られた個々のデータXをそのままプロットして，工程を管理する場合に使用します。

⑵計数値の管理図

　①p管理図

　　不適合品率（p）で工程管理する場合に使用します。

　　（サンプル数nが一定でないとき）

品質管理

113

②np 管理図

　不適合品数（np）で工程管理する場合に使用します。
　（サンプル数 n が一定のとき）

③u 管理図

　1 単位当たりの欠点数（u）で工程管理する場合に使用します。
　（サンプルの大きさが一定でないとき）

④c 管理図

　サンプルの欠点数（c）を数えて工程管理する場合に使用します。
　（サンプルの大きさが一定のとき）

3 $\overline{X}$−R 管理図

$\overline{X}$−R 管理図は，計量値データの代表的な管理図であり，$\overline{X}$ 管理図と R 管理図とから成り立っています。

　平均値 $\overline{X}$ の変化を見るもの　→　$\overline{X}$ 管理図
　範囲 R の変化を見るもの　　　→　R 管理図

<作成手順>

　①群分けされたデータを集める。
　②群ごとの平均値 $\overline{X}$ を計算する。
　③群ごとの範囲 R を計算する。
　④総平均値 $\overline{\overline{X}}$ を計算する。
　⑤範囲の平均値 $\overline{R}$ を計算する。
　⑥$\overline{X}$ 管理図の管理線を計算する。
　　上方管理限界線
　　　UCL $= \overline{\overline{X}} + A_2 \times \overline{R}$
　　下方管理限界線
　　　LCL $= \overline{\overline{X}} - A_2 \times \overline{R}$
　⑦R 管理図の管理線を計算する。
　　上方管理限界線　UCL $= D_4 \times \overline{R}$
　　下方管理限界線　LCL $= D_3 \times \overline{R}$
　⑧管理図上に管理線を引き，データをプロットする。

■ 管理限界線を引くための係数

n	A_2	D_3	D_4
2	1.880	0.000	3.267
3	1.023	0.000	2.575
4	0.729	0.000	2.282
5	0.577	0.000	2.115
6	0.483	0.000	2.004
7	0.419	0.076	1.924
8	0.373	0.136	1.864
9	0.337	0.184	1.816
10	0.308	0.223	1.777

（参考）事例

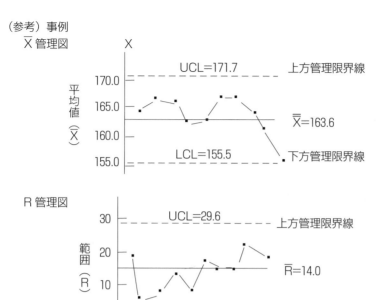

$\overline{X}$ 管理図

R 管理図

品質管理

第5節 抜取検査の種類と活用

1 抜取検査と全数検査

(1)抜取検査

　検査対象のロットから抜き取ったサンプルを測定し，不適合サンプル数を判断基準と比較して，ロットの合格・不合格を決める検査方法です。

　　　　＜適用対象＞　　　　　①破壊試験が必要で，全数検査が出来ない品物
　　　　　　　　　　　　　　　②ある程度の不適合品の混入が許容される品物

(2)全数検査

ロット内のすべての品物を検査する方式を言います。

　　　　＜全数検査の効果＞　①利点：全数の品質保証ができる。
　　　　　　　　　　　　　　　②難点：多大な費用と工数が発生する。
　　　　＜適用対象＞　　　　　①重要な品物
　　　　　　　　　　　　　　　②高価な品物

2 サンプリング

(1)サンプリング

　母集団からサンプルをとることをサンプリングといいます。サンプリングの方法が適切でないと，母集団に対して誤った判断をする場合が有ります。

　①ランダムサンプリング

　　　母集団から，いずれも同じ確率になるようにサンプリングすること。

　②有意サンプリング

　　　母集団から，意識的にある特定部分からサンプリングすること。

(2)誤差

　①サンプリング誤差

　　　ロットからサンプルを採取するとき，採取したサンプルによるデータのばらつきのこと。

　②測定誤差

　　　測定によるデータのばらつきのこと。

3 抜取検査の型による分類

(1)規準型抜取検査

規準型抜取検査とは，下記の4つの条件（p_0，p_1，α，β）を満足させる抜取検査です(売手要求と買手要求の両者を満足させる抜取検査)。ここで，ロットの品質に対して，どのような確率で合格・不合格が判定されるかを示したグラフを，OC曲線（検査特性曲線）といいます。

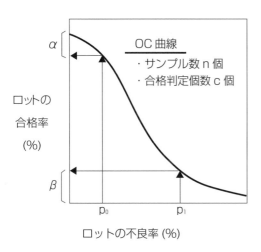

p_0：合格させたいロット不良率の上限（通常1％）
p_1：不合格としたいロット不良率の下限（通常5％）
α：生産者危険（通常5％）合格させたいロットを不合格とする誤り（第1種の誤りともいう）
β：消費者危険（通常10％）不合格とすべきロットを合格にする誤り（第2種の誤りともいう）
⇩
サンプル数（n個），合格判定個数（c個）がJISにより定められている。

品質管理

(2)選別型抜取検査

選別型抜取検査とは，抜取検査での合格品はそのまま受け入れ，不合格の場合は全数選別をして，適合品のみを受け入れる方式をいう。

(3)調整型抜取検査

　調整型抜取検査とは，連続したロットを継続的に検査する場合に用いられます。「なみ」「ゆるい」「きつい」の3種類の抜取表を用意して，品質の良い供給者には「ゆるい検査」を，品質の悪い供給者には「きつい検査」を適用して改善を促す方法です。

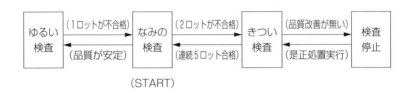

(START)

(4)連続生産型抜取検査

　連続生産型抜取検査とは，品物が連続的に生産されている場合に適用される抜取検査です。たとえば，最初は1個づつ全数検査を行い，適合品が一定数続いたら一定個数ごとの抜取検査に移り，不適合品が発見されたら再び全数検査に戻るなどの方式です。

4 抜取検査回数による分類

(1) 1 回抜取検査

ロットからサンプルを1回だけ抜き取り，その結果から合格・不合格を判定するものです。

(2) 2 回抜取検査

1回目のサンプルによる試験で，ロットの合格・不合格または検査続行のいずれかを判定し，検査続行の場合は，2回目として指定された判定個数による試験結果と，1回目との結果を合計した成績で判定するものです。

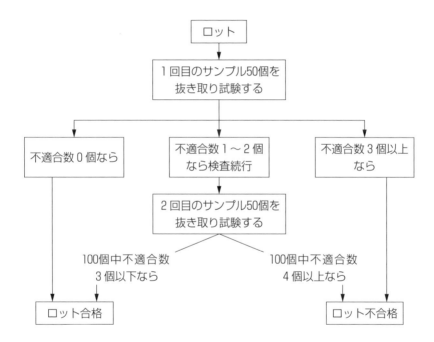

(3) 多回抜取検査

2回抜取検査の方式をさらに拡張した方式です。

(4) 逐次抜取検査

ロット毎に，サンプルの試験を行い，そのたびに累計した試験結果を基準と比較して，ロットの合格・不合格または検査続行かを判定し，合否が判定できるまで続行します。

（参考）

①計数抜取検査

　判定基準が個数のような計数値で与えられる抜取検査です。抜き取った
サンプルを検査して適合品と不適合品に分け，不適合品数がある値以下で
あれば「合格」とし，ある値を超えていれば「不合格」とする検査方式で
す。

②計量抜取検査

　判定基準が長さや重さのような計量値で与えられる抜取検査です。抜き
取ったサンプルの特性を測定して，その測定値から求められる平均値や標
準偏差などを活用して判定します。

　判定基準内であれば「合格」とし，判定基準外であれば「不合格」と
します。

問題1 品質に影響を及ぼす生産の4要素（4M）として，正しい組合せはどれですか。

イ．機械 　　　資金 　　　方法 　　　情報
ロ．作業者 　　材料 　　　資金 　　　情報
ハ．作業者 　　材料 　　　資金 　　　情報
ニ．作業者 　　材料 　　　機械 　　　方法
ホ．作業者 　　機械 　　　方法 　　　資金

問題2 「品質は工程で作り込む」という言葉があります。この内容の説明として，最も適切なものはどれですか。

イ．最終工程での検査を充実させて，顧客に不良品が渡らないようにすること
ロ．工程内での検査を徹底して，次工程に不良品が渡らないようにすること
ハ．工程内での品質維持よりも，品質改善を優先させること
ニ．「結果良ければ，すべて良し」でなく，製造プロセスの適切な管理を重視すること
ホ．工程ごとにQCサークルを組織して，品質の改善活動に努めること

問題3 日本工業規格（JIS）Q9000：2015およびQ9004：2010の品質マネジメントシステムの原則に，合致していないものはどれですか。

イ．顧客重視
ロ．小集団改善活動
ハ．リーダーシップ
ニ．プロセスアプローチ
ホ．関係性管理

品質管理

121

問題4　ある平均値の検定において，工程の標準偏差が未知の場合に用いる分布は，下記のどれですか。

　イ．正規分布　　　　　ロ．t分布　　　　　ハ．χ^2分布

　ニ．ポアソン分布　　　ホ．二項分布

問題5　ある製品の長さの平均値が25mm，標準偏差が3mmであり，かつ正規分布に従うとされています。この製品を製造する工程において，長さが22mm以下になる割合（％）は下記のどれですか。

　イ．1％　　　　　ロ．5％　　　　　ハ．10％

　ニ．16％　　　　ホ．33％

問題6　ある製品の長さの規格が19.80～20.20と定められています。ここで完成品の中から，サンプルとして50個を抜き取りデータを取ったところ，平均値19.90mm 標準偏差0.05mm を得ました。長さ寸法の判断として正しいものはどれですか。

　イ．この工程は，このままでよい。

　ロ．この工程は，工程能力はあるが十分とは言えない。

　ハ．この工程は，かたよりを直す必要がある。

　ニ．この工程は，かたよりもばらつきも直す必要がある。

　ホ．この工程は，もう少しばらつきが大きくても良い。

問題7　母平均が30.0，母標準偏差が2.0の母集団において，20個のサンプルを取りました。サンプルの平均値と標準偏差を表す記述として，適切なものはどれですか。

　イ．サンプルの平均$\bar{x}$は，「平均30.0で，分散4.0の正規分布に従う」

　ロ．サンプルの平均$\bar{x}$は，「平均30.0で，分散2.0の正規分布に従う」

　ハ．サンプルの平均$\bar{x}$は，「平均30.0で，分散1.0の正規分布に従う」

　ニ．サンプルの平均$\bar{x}$は，「平均30.0で，分散1／2の正規分布に従う」

　ホ．サンプルの平均$\bar{x}$は，「平均30.0で，分散1／4の正規分布に従う」

問題8　統計的検定における「第1種の誤り（α）」の説明として，適切なものはどれですか。

イ．検定を行うためにデータから計算される量による判断

ロ．帰無仮説が正しいとき，帰無仮説を棄却する誤り

ハ．帰無仮説が正しくないとき，帰無仮説を採択する誤り

ニ．対立仮説が正しいとき，対立仮説を棄却する誤り

ホ．対立仮説が正しくないとき，対立仮説を採択する誤り

問題9　管理図に関する記述として，誤っているものはどれですか。

イ．管理図には，計量値用と計数値用の2種類のグループがある。

ロ．計量値で使用する管理図では，群のデータ数によって種類が異なる。

ハ．計量値で使用する管理図では，群のデータ数は2個以上必要である。

ニ．計数値に使用する管理図では，不適合品率と不適合数で管理図の種類が異なる。

ホ．計数値の管理図では，群の大きさが「一定」と「一定でない」場合とで，管理図の種類が異なる。

問題10　計数規準型抜取検査に関する記述として，適切なものはどれですか。

イ．この抜取検査で合格となったロット中にも，わずかな不適合品（不良品）が含まれることがある。

ロ．この抜取検査でいう消費者危険とは，第1種の誤りのことである。

ハ．この抜取検査では，個々の製品についての良否を判定するので，その品質判定基準さえあれば，ロットの合格・不合格の判定ができる。

ニ．この抜取検査は，検査を通して，個々の製品の良否を判定する検査法である。

ホ．この抜取検査では，不適合と判定した製品のみを不合格とすれば良い。

解答と解説 〈学科試験編〉

問題 1 | 解答　ニ |

解説

生産の 4 要素（4 M）とは，下記のことです。

①人（man）　②機械・設備（machine）　③原材料・外注品（material）
④方法・技術（method）

問題 2 | 解答　ニ |

解説

「プロセス管理」のポイントを表した代表的な言葉です。品質管理では，結果のみを追うのではなく，プロセス（工程）に着目し，これを管理し，やり方を向上させることが大切です。

問題 3 | 解答　ロ |

解説

「品質マネジメントの原則」の 7 項目は，下記通りです。

①顧客重視　②リーダーシップ　③人々の積極的参加　④プロセスアプローチ　⑤改善　⑥客観的事実に基づく意思決定　⑦関係性管理

問題 4 | 解答　ロ |

解説

標準偏差が既知の場合に用いる分布は，正規分布ですが，未知の場合に用いる分布は，「t 分布」です。

したがって正解は，ロとなります。

問題 5 | 解答　ニ |

解説

正規分布の発生確率は，次ページの通りであることが分かっています。
（P. 103参照）

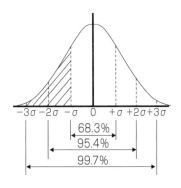

68.3%
95.4%
99.7%

ここで，長さ22mm 以下である割合は，左図の斜線部となります。したがって割合は，下記式で求められます。

$$50-68.3 / 2 = 15.85 \fallingdotseq 16\%$$ であり，正解はニです。

問題6 解答 ハ

解説

この場合の工程能力指数を求めると，

$$C_p = (S_U - S_L) / 6s = (20.20 - 19.80) / (6 \times 0.05) = 1.33$$
$$C_{pk} = (\bar{x} - S_L) / 3s = (19.90 - 19.80) / (3 \times 0.05) = 0.67$$

上記結果より，C_p 値は十分であるが C_{pk} 値は不足している。

したがって判断としては，「かたよりを直す必要がある」であり，正解はハとなります。

問題7 解答 イ

解説

母平均を μ，母標準偏差を σ とすると，このサンプル平均 $\bar{x}$ は，「正規分布 $N(\mu, \sigma^2)$ に従う」と表現されます。したがって正解は，イ．の「平均30.0で，分散4.0の正規分布に従う」となります。

問題 8　解答　ロ

解説

改めて下表を確認しておいてください。

判断＼真実		本当に成り立っているのは（真実）	
		帰無仮説（H_0）が真	対立仮説（H_1）が真
検定結果 （判断）	帰無仮説（H_0）が 正しいと判断	$1 - \alpha$ （信頼率）	β （第2種の誤り）
	対立仮説（H_1）が 正しいと判断	α （第1種の誤り）	$1 - \beta$ （検出力）

問題 9　解答　ハ

解説

計量値の管理図では，群のデータ数が1個の場合は X 管理図となり，2個以上の場合は $\overline{X}$ 管理図となります。

また，計数値管理図では，不適合品率と不適合数で種類が異なり，群の大きさが「一定」と「一定でない」場合とで種類が異なります。

問題10　解答　イ

解説

抜取検査である限りは，個々のデータは正規分布をとり，合格であっても不適合品が含まれる可能性はあります。

「消費者危険」とは，品質の悪いロットであってもたまたま合格してしまう確率のことであり，統計的検定での「第1種の誤り」とは異なります。

演習問題〈実技試験編〉

問題1　次の事例は，ある飲料メーカーで生産された製品です。ロットからサンプル10個を抜き取り，重量を測定しました。この製品の重量規格は，200.0±1.0g です。各設問に答えて下さい。

200.5	200.2	199.8	200.1	199.6	199.8
200.4	199.7	200.3	200.1		

設問1．平均値 $\overline{X}$ を求めなさい。（小数点以下第2位まで）

設問2．偏差平方和 S を求めなさい。（小数点以下第3位まで）

$$S = (x_1-\overline{x})^2 + (x_2-\overline{x})^2 + \cdots + (x_n-\overline{x})^2$$

設問3．不偏分散 V を求めなさい。（小数点以下第3位まで）

$$V = S/(n-1)$$

設問4．標準偏差 s を求めなさい。（小数点以下第3位まで）

$$s = \sqrt{(V)}$$

設問5．この製品が生産された工程能力指数 C_p を求めなさい。

（小数点以下第3位まで）

$$C_P = \frac{S_U - S_L}{6\,s}$$

設問6．この製品が生産された工程の工程能力指数 C_p の判断として，正しいものは次のどれですか。

　　ア．工程能力は十分にある。

　　イ．工程能力はあるが，十分とは言えない。

　　ウ．工程能力は，不足している。

品質管理

問題2　下記図は，ある工程の5つの X̄－R 管理図を表しています。それぞれの工程の評価として，適切なものを下記選択肢から選んで下さい。

設問1．郡内変動が大きくなってきて，管理限界線を超えている管理図はどれですか。

設問2．工程平均が，製造期間の途中で大きく変化している管理図はどれですか。

設問3．工程が，統計的管理状態にある管理図はどれですか。

設問4．工程平均が，周期的に変化している管理図はどれですか。

設問5．同一郡内に，層別すべき異質のデータが入っている可能性のある管理図はどれですか。

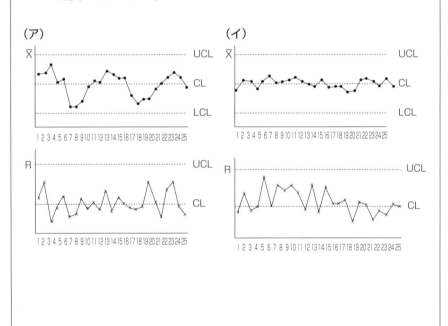

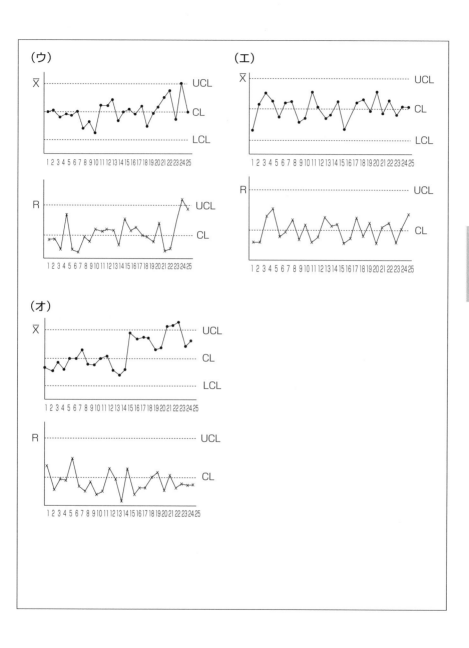

解答と解説 〈実技試験編〉

<問題１>

設問１． 解答 200.05

解説

平均値 $\overline{X}$ は

$$\overline{X} = \frac{200.5+200.2+199.8+200.1+199.6+199.8+200.4+199.7+200.3+200.1}{10}$$

$$= 200.05$$

設問２． 解答 0.865

解説

偏差平方和 S は

$$S = (200.5-200.05)^2 + (200.2-200.05)^2 + \cdots + (200.1-200.05)^2$$
$$= 0.865$$

設問３． 解答 0.096

解説

不偏分散 V は

$$V = S/n-1 = 0.865/(10-1) = 0.096$$

設問４． 解答 0.310

解説

標準偏差 s は

$$s = \sqrt{V} = \sqrt{0.096} = 0.310$$

設問５． 解答 1.075

解説

工程能力指数 C_p は

$$C_p = \frac{S_U-S_L}{6s} = \frac{201.0-199.0}{6 \times 0.310} = 1.075$$

設問6. 解答 イ

解説

工程能力指数 C_p は「1.00以上」であるため「工程能力はある」と言えるが，「1.33未満」のため「十分とは言えない」のです。

<問題2>

設問1. 解答 ウ

解説

$\overline{X}-R$ 管理図においては，郡内変動は R 管理図に表れます。管理図（ウ）では，R 管理図のばらつきが徐々に大きくなり，最終的に管理限界線（UCL）を超えています。

設問2. 解答 オ

解説

$\overline{X}-R$ 管理図においては，工程平均の変動は $\overline{X}$ 管理図に表れます。管理図（オ）では，$\overline{X}$ 管理図の中間地点から段階的に平均値がシフトしています。

設問3. 解答 エ

解説

工程が統計的に管理状態にあるということから，特に異常点や増減傾向が見られず，変動状態にも異常の見られない管理図（エ）が選択できます。

設問4. 解答 ア

解説

工程平均が周期的に変化しているということから，管理図（ア）が選択できます。

設問 5. 解答 イ

解説

 $\overline{X}-R$ 管理図において, 同一郡内に層別すべき異質のデータが入っている(例えば 2 つ以上のロットからサンプルをとる) と, ロット間の差が含まれ R が大きくなり, $\overline{X}$ 管理図のばらつきが見かけ上小さくなります。

 したがって管理図 (イ) が選択されます。

第 4 章
原価管理

原価管理の考え方

1 原価管理とは

　原価管理は，製品の計画及び生産段階において原価水準を技術的に下げる活動と，下げられた原価を実際の生産活動で，達成及び維持しようとする活動とが含まれます。

2 原価管理の目的

　原価管理の目的には，次の3つがあります。

(1)原価維持

　目標として設定された標準原価を達成するための維持活動です。

(2)原価改善

　原価低減ともいい，日常業務内容を見直して原価を低減する活動です。

(3)原価企画

　製品の企画・設計段階で目標原価を設定し，シミュレーションしながら原価引き下げを図る活動です。

3 原価管理の進め方

(1)原価維持

　製品仕様や設備・人員などの基本条件が決まっている中で，作業標準が決められ，目標の標準原価が設定された段階で，原価維持活動がスタートします。次のようなPDCAサイクルを活用して管理が行われます。

④
A（処置）
業務の改善

①
P（計画）
標準原価の
設定

③
C（確認）
原価差異の
分析

②
D（実施）
実際原価の
測定

①標準原価の設定

まず目標原価である標準原価を設定します。

②実際原価の測定

実際に消費された原価（実際原価）を測定します。

③原価差異の分析

実際原価と標準原価との差異を計算し，差異が発生した原因を分析します。

④業務の改善

差異分析結果に基づいて，日常管理における問題点の改善を行い，次の標準原価の設定に活かします。

(2)原価改善

原価改善は，原価の改善目標を掲げ，日常活動として計画的に標準原価を下げて原価低減を実現させるものです。

原価改善の手順は，下記通りです。

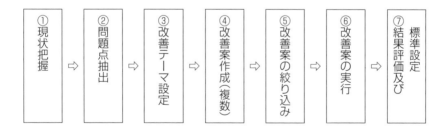

①現状把握 ⇨ ②問題点抽出 ⇨ ③改善テーマ設定 ⇨ ④改善案作成（複数） ⇨ ⑤改善案の絞り込み ⇨ ⑥改善案の実行 ⇨ ⑦結果評価及び標準設定

原価管理

⑶原価企画

　現在のように製品サイクルが短く，多品種少量生産の状況では，製造を始め
てから原価を管理するというアプローチでは，もはや原価管理が後手に回って
しまいます。

　そこで，開発・設計段階で原価目標を設定し，実際の製造原価がどれぐらい
になるかをシミュレーションした上で，VE（価値工学）手法などで原価を低
減し，標準原価を設定する必要があります。

　原価企画の手順は，下記のようになります。

①開発段階

　　予定販売価格，目標利益，目標原価を設定します。

②設計段階

　　具体的原価の見積り，各種技法（VE 手法など）を活用した原価低減活
　　動などから目標原価達成の見通しを立て，標準原価とします。

③製造段階

　　量産時の原価維持，原価低減活動に移行します。

◼4 意思決定のための原価

　設備投資などの投資代替案を比較評価するときに，大切な考え方として機
会原価・差額原価・埋没原価があります。

⑴機会原価

　ある代替案を採用したとき，他の代替案から得られるはずだった収益のこ
とです。

　たとえば投資案 A での利益が50万
円で，投資案 B での利益が40万円と
します。このとき投資案 A を採用し
た場合，投資案 B の利益40万円が機
会原価となります。

投資案（A）
↓
利益50万円
（採用）

投資案（B）
↓
利益40万円

機会原価

(2)差額原価

ある代替案を採用した場合に発生する原価と，他の代替案を採用した場合に発生する原価との差額のことです。

たとえば設備Ａの価格が20万円で，設備Ｂの価格が15万円とします。このとき設備Ａを購入した場合，設備Ｂとの差額原価は5万円です。

(3)埋没原価

過去に支出して回収できない原価のことです。

たとえば陳腐化した（売却できない）設備を使用する場合，原価としては残っていても，設備を使用するか否かの意思決定には影響を及ぼさない原価となります。

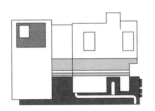

原価管理

137

第2節 原価の構成要素

　原価とは，生産活動を中心とする経営活動の結果を，経済価値で測定したものです。

　したがって，顧客へ提供する製品やサービスを生産活動により生み出すために獲得した経営資源のうち，消費した経済価値の情報であるとも言えます。

1 原価の種類

(1)標準原価と実際原価

　原価管理において，目標としての原価を標準原価といい，事実として発生した原価を実際原価といいます。

　　標準原価 ＝ 標準消費量 × 標準単価
　　実際原価 ＝ 実際消費量 × 実際単価

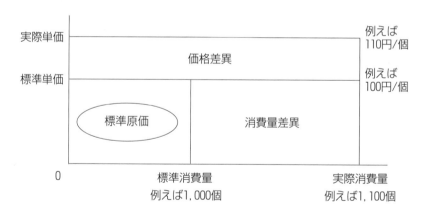

　ここで実際原価は，下記式で表されます。

　　実際原価 ＝ 標準原価 ＋ 価格差異 ＋ 消費量差異

一方，価格差異・消費量差異は下記通りとなります。

価格差異 ＝（実際単価－標準単価）× 実際消費量

消費量差異 ＝（実際消費量－標準消費量）× 標準単価

また原価項目の1つである材料費・労務費についても，下記関係式が成り立ちます。

実際材料費 ＝ 標準材料費
　　　　　　　＋ 材料費差異（価格差異＋消費量差異）

実際労務費 ＝ 標準労務費
　　　　　　　＋ 労務費差異（賃率差異＋作業時間差異）

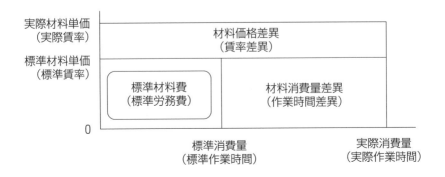

(2)製品原価と期間原価

原価集計の区切りをどこで行うかによって，製品原価と期間原価とがあります。

①製品原価

ある一定の製品・サービスに対して集計された原価であり，工場などでの製造原価は，基本的に製品原価として集計されます。

②期間原価

ある一定期間に集計された原価であり，「販売費及び一般管理費」などは，期間原価として期間ごとに集計されます。

(3)全部原価と部分原価

原価集計をどの範囲まで行うかによって，全部原価と部分原価とがあります。

①全部原価

製品やサービスに対して発生するすべての原価を集計したものであり，それは変動費だけでなく固定費まで含めた原価をいいます。

②部分原価

たとえば製品別の採算性を評価する場合などに，変動費のみで原価比較を行って，製品別評価の参考とする場合などがあります。

2 原価要素の分類

原価は，経営のどの部分に関わっているかの性質によって，原価要素をいくつかの種類に分類することができます。

(1)製造原価の三要素

材料費，労務費，経費を製造原価の三要素といいます。

（生産の三要素（材料，労働力，機械設備）を消費して発生する原価）

(2)製品との関連による分類

①直接費

　発生する原価が製品ごとに直接結びついて，そのまま集計できる原価のことです。

（素材・部品などの材料代，直接作業にあたった人件費など）

②間接費

　製品との関連性がすぐには分からず，総額で提示される原価のことです。

（電気代・ガス代・水道代など）

	直 接 費	間 接 費
材 料 費	直接材料費	間接材料費
労 務 費	直接労務費	間接労務費
経 費	直接経費	間接経費

原価管理

⑶原価の構成

　製造過程にて発生する「材料費」「労務費」「経費」を合わせて,「製造原価」といいます。また,「製造原価」に「販売費及び一般管理費」を加えたものを「総原価」と呼び,更に「利益」を上乗せしたものが「販売価格」となります。

販売価格	総原価	製造原価	製造直接費	直接材料費
				直接労務費
				直接経費
			製造間接費	間接材料費
				間接労務費
				間接経費
		販売費及び一般管理費		
	利　　益			

（参考）・販売費：販売業務にかかる費用（販売人件費,広告宣伝費など）
　　　　・一般管理費：経理・総務・企画などの一般管理業務にかかる費用

⑷操業度による分類

　生産設備の操業度や生産量の変化によって,原価の発生が変動するかどうかで,変動費と固定費に分けられます。

　例えば,材料費などは生産量の変化に伴って変動するので変動費となります。一方,経費の一つである減価償却費などは,生産量の変化には対応せず,常に一定額が発生するので,固定費となります。

①変動費
操業の度合いに比例して,増えたり減ったりする費用

②固定費
生産が停止してもフル操業しても,常に一定額である費用

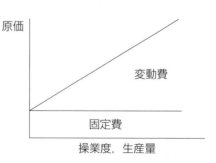

[参考] 変動費と固定費について

　「変動費」は売上高にほぼ比例して増加しますが,「固定費」は売上高に関係なくかかります。売上が0円でも固定費はかかります。

　変動費には,材料費・仕入部品費・外注費などがあります。一方,固定費としては,設備関係の費用や保険料などが該当します。

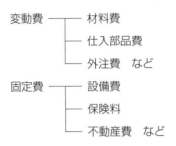

変動費 ── 材料費
　　　　├─ 仕入部品費
　　　　└─ 外注費　など

固定費 ── 設備費
　　　　├─ 保険料
　　　　└─ 不動産費　など

原価管理

第3節 損益分岐点分析

1 損益分岐点分析の考え方

　損益分岐点とは，売上高と費用とが同額で損益がゼロの状態をいいます。そして，その時の売上高を損益分岐点売上高といい，現在の売上高と比較することにより，経営の安定性や売上急減時の耐力等を判断することができます。これが「損益分岐点分析」です。

2 損益分岐点の求め方

　損益を表す基本式は下記通りとなります。

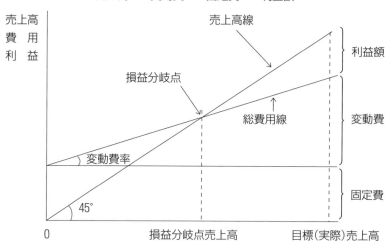

売上高 ＝ 変動費 ＋ 固定費 ＋ 利益額

　ここで損益分岐点では「利益＝0（利益も損失も生じない点）」であるため，損益分岐点売上高は下記（次ページ）となり，これはさらに分解できます。

$$損益分岐点売上高 \quad = \quad 変動費 \quad + \quad 固定費$$

⬇ ⬇ ⬇

$$\underline{販売量 \times 販売単価} = \underline{販売量 \times 単位変動費} + \underline{固定費}$$

したがって損益分岐点の販売量は，上記式を変形して求められます。

$$損益分岐点の販売量 = \frac{固定費}{販売単価 - 単位変動費}$$

ここで両辺に販売単価を掛けると，損益分岐点売上高は下記式となります。

$$損益分岐点の売上高 = \frac{固定費}{1 - \dfrac{単位変動費}{販売単価}} = \frac{固定費}{1 - \dfrac{変動費}{売上高}}$$

変動比率

※なお，$\dfrac{変動費}{売上高}$ は変動費率といいます。

一方，「売上高−変動費」を限界利益といい，限界利益率は下記式で表されます。

$$限界利益 = 売上高 - 変動費$$

$$限界利益率 = \frac{売上高 - 変動費}{売上高}$$

したがって，損益分岐点売上高は限界利益率を使って下記式で整理できます。

$$損益分岐点の売上高 = \frac{固定費}{1 - \dfrac{変動費}{売上高}}$$

限界利益率

すなわち

$$損益分岐点売上高 = \frac{固定費}{限界利益率}$$

原価管理

[参考] 限界利益の考え方

　ある商品が1個1,000円で販売されています。この商品の仕入価格は600円です。したがって商品1個販売すると，限界利益は400円となります。

　しかしながら，この商品の販売には経費（固定費）が100万円かかっており，この100万円は限界利益で補わなくてはなりません。

　　100万円　÷　400円　＝　2,500個

　　1,000円　×　2,500個　＝　250万円

　したがって，2,500個（250万円）販売すると固定費が回収されたことになります。

　また，安全余裕率は下記式となります。

$$安全余裕率（\%）= \frac{目標（実際）売上高 - 損益分岐点売上高}{目標（実際）売上高} \times 100$$

　※安全余裕率とは，実際の売上高が，損益分岐点からどれだけ乖離しているのか，売上高に対する割合のことです。

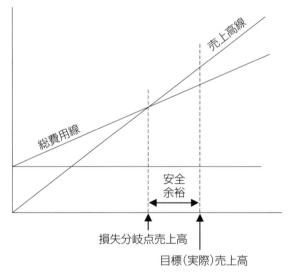

[参考] 安全余裕率の考え方

　損益分岐点売上高が250万円で，実際の売上高が300万円の場合に安全余裕率は下記通りとなります。

$$安全余裕率 = \frac{300万円 - 250万円}{300万円} \times 100 = 17\%$$

　この17%という数字は，売上が17%落ちると赤字になるという数字です。したがって，経営者はこの数字を常に意識しています。

第4節 原価低減活動

❶ VE によるアプローチ

VE とは価値工学とも言われ，最低のライフサイクルコストで，必要な機能を確実に達成するために機能分析する組織的な活動です。

$$価値 = \frac{機能}{ライフサイクルコスト}$$

※機能 = 使用機能 + 魅力機能
※ライフサイクルコスト
= 購入価格 + 使用費用（修繕費含む）+ 廃棄費用

> VE によるアプローチでは，価値の最大化（最大の機能を最小のコストで達成）を目指して，設計・生産方法・材料などを見直して改善を図ります。

❷ IE によるアプローチ

IE とは工学的技法であり，人・材料・設備などの統合された諸方式の合理化・改善・生産性向上を行って，原価を低減する方法です。

これは，工業的な生産活動が企業として成り立つためには，生産管理の技術が必要であるとする考え方です。

> IE によるアプローチでは，工学的技法（方法研究・作業測定・レイアウト分析など）により，仕事を見直してあらゆるムダ・ムラ・ムリを無くします。

演習問題〈学科試験編〉

問題1　製造の原価管理の目的として,最も適切でないものはどれですか。
　イ. 原価低減を行うため
　ロ. 標準原価の維持を行うため
　ハ. 支払利子を下げるため
　ニ. 原価の差異分析を行うため
　ホ. 原価目標の設定と達成のため

問題2　原価に関する下記記述で, 正しくないものはどれですか。
　イ. 段取時間の短縮を行うと原価が低下する
　ロ. 不適合品の発生を防止すると原価が低下する
　ハ. 製造原価は, 製造直接費と製造間接費を合わせたものである
　ニ. 総原価とは, 製造原価に販売費を加えたものである
　ホ. 材料費, 労務費, 経費を合わせて製造原価という

問題3　製造原価を構成するものとして, 正しくないものはどれですか。
　イ. 材料費 ＋ 労務費 ＋ 経費
　ロ. 変動費 ＋ 経常費
　ハ. 直接材料費 ＋ 直接労務費 ＋ 直接経費 ＋ 製造間接費
　ニ. 変動費 ＋ 固定費
　ホ. 総原価 － 販売費および一般管理費

問題4　原価に関する記述で, 適切でないものはどれですか
　イ. 差額原価とは, 代替案の間での差異原価である。
　ロ. 機会原価は, ある代替案を採用したとき, 他の代替案であれば得られたはずであった逸失部分のことである。
　ハ. 埋没原価とは, 現時点では回収できない原価のことである。
　ニ. 機会原価は, 今後の支出を伴う。
　ホ. 陳腐化した設備は, 埋没原価となる。

問題5 損益分岐点に関する記述のうち，適切でないものはどれですか。

イ．損益分岐点とは，売上高と総費用が等しい点である。

ロ．損益分岐点分析は，変動費のみを用いて行う。

ハ．安全余裕率は，値（％）の大きい方が安全ということである。

ニ．限界利益は，売上高から変動費を差し引いて求める。

ホ．損益分岐点分析は，経営の安定性や原価低減効果などを図る手法である。

問題6 損益分岐点に関する式で，適切でないものはどれですか。

イ．損益分岐点売上高は，下記式で表される。

$$損益分岐点売上高 ＝ 変動費 ＋ 固定費 ＋ 利益$$

ロ．損益分岐点売上高は，下記式で表される。

$$損益分岐点売上高 ＝ \frac{固定費}{1 － \dfrac{変動費}{売上高}}$$

ハ．損益分岐点売上高は，下記式で表される。

$$損益分岐点売上高 ＝ \frac{固定費}{限界利益率}$$

ニ．限界利益率は，下記式で表される。

$$限界利益率 ＝ \frac{売上高－変動費}{売上高}$$

ホ．安全余裕率は，下記式で表される。

$$安全余裕率 ＝ \frac{目標（実際）売上高－損益分岐点売上高}{目標（実際）売上高}$$

問題7 次の項目のうち，原価計算制度上の原価に含まれないものは，どれですか。

イ．支払い利息

ロ．設備の減価償却費

ハ．外注加工費

ニ．従業員賞与

ホ．工場消耗品費

問題8　VE に関する記述のうち，正しくないものはどれですか

イ．VE における原価は，製品のライフサイクルコストである。

ロ．VE における機能とは，使用機能と魅力機能のことである。

ハ．VE は，価値工学といわれる。

ニ．価値評価では，同じ機能であればコストの安いものが選ばれる。

ホ．VE による原価低減は，主に製造段階において行う。

問題9　原価維持の活動手順に，含まれないものはどれですか

イ．標準原価を設定する。

ロ．実際原価を測定する。

ハ．原価を企画する。

ニ．原価差異を分析する。

ホ．標準原価に実際原価を近づける活動を行う。

問題10　各種原価の説明として，正しくないものはどれですか

イ．製造原価とは，「材料費＋労務費」のことである。

ロ．製品原価とは，ある一定の製品に対する原価のことである。

ハ．期間原価とは，ある一定期間に集計された原価のことである。

ニ．全部原価とは，ある一定の製品に発生する全ての原価を集計したものである。

ホ．部分原価とは，変動費のみの原価など，特定の目的で使用する原価のことである。

解答と解説〈学科試験編〉

問題1　解答　ハ
解説

製造の原価管理の対象としては，支払利子は含まれません。

問題2　解答　ニ
解説

総原価は，製造原価に「販売費及び一般管理費」を加えたものであり，販売費だけを加えたものではありません。

問題3　解答　ロ
解説

製造原価の三要素は，「材料費」「労務費」「経費」であり，「変動費＋経常費」は適切ではありません。

問題4　解答　ニ
解説

機会原価は，得られるはずであった逸失部分であり，支出は伴いません。

問題5　解答　ロ
解説

損益分岐点分析は，変動費と固定の両方を用いて行います。

問題6　解答　イ
解説

損益分岐点は売上高と総原価が等しい点であり，損益分岐点売上高には「利益」は含みません。

問題7 解答　イ

解説

支払い利息は，原価計算制度上の原価には含まれません。

問題8 解答　ホ

解説

VE による原価低減は，主に設計段階において行われます。

問題9 解答　ハ

解説

原価の企画は，原価維持活動には含まれません。

問題10 解答　イ

解説

製造原価とは，「材料費＋労務費＋経費」である。

原価
管理

演習問題〈実技試験編〉

問題1　損益分岐点分析において，下記の各設問に答えよ。

設問1．下記の損益分岐点図において，（①）～（④）に入る語句として適
　　　切なものを下記語群より選びなさい。

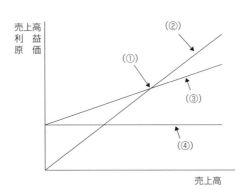

【語群】
（ア）減価償却費　　　（イ）固定費　　　　（ウ）変動費
（エ）売上高　　　　　（オ）損益分岐点　　（カ）総原価

設問2．下記損益分岐点図にお
　　　いて，経営安定度の指標
　　　である安全余裕率を求め
　　　る式を記載せよ。

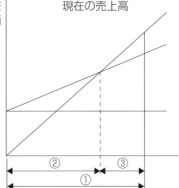

① ： 現在の売上高
② ： 損益分岐点売上高
③ ： 現在の売上高－損益分岐点
　　　売上高

問題2　財務データが下記通りであった。各設問に答えよ。

製品売価：1個400円　　　　変動費：1個200円

販売量　：600個　　　　　　固定費：10万円

設問1．現在の売上高を求めよ。

設問2．損益分岐点売上高はいくらですか。

設問3．安全余裕率（%）を求めよ。

設問4．利益を10万円にするための売上高を求めよ。

問題3　労務費のデータが下記の通りであった。各設問に答えよ。

【直接労務費データ】

標準作業時間	15,000時間
実際作業時間	16,500時間
標準賃率	1,800円／時間
支払い賃金総額	33,000,000円

設問1．直接労務費差異を求めよ。

設問2．賃率差異を求めよ。

設問3．作業時間差異を求めよ。

＜問題１＞

設問１. | **解答** ①：オ（損益分岐点）
②：エ（売上高）
③：カ（総原価）
④：イ（固定費）

解説

③は総原価の線であり，総原価＝変動費＋固定費となります。

設問２. | **解答** 安全余裕率（％）は

$$= \frac{\text{現在の売上高}-\text{損益分岐点売上高}}{\text{現在の売上高}} \times 100$$

解説

安全余裕率は，売上高が総原価を回収し終わり，なおどれだけ利益獲得の余裕を残しているかの尺度を表しています。

＜問題２＞

設問１. | **解答** 24万円

解説

現在の売上高 ＝ 製品売価 × 販売量
　　　　　　 ＝ 400円／個 × 600個
　　　　　　 ＝ 240,000円

設問２. | **解答** 20万円

解説

損益分岐点売上高 ＝ $\dfrac{\text{固定費}}{1-\text{変動費率}}$ ＝ $\dfrac{100,000}{1-200／400}$
　　　　　　　　 ＝ 200,000円

設問3． 解答　17%

解説

安全余裕率（％）は

$$= \frac{\text{現在の売上高} - \text{損益分岐点売上高}}{\text{現在の売上高}} \times 100$$

$$= \frac{24万円 - 20万円}{24万円} \times 100$$

$$= 17$$

設問4． 解答　40万円

解説

利益を10万円とする売上高は

$$= \frac{\text{固定費} + \text{利益}}{1 - \text{変動費率}}$$

$$= \frac{10万円 + 10万円}{1 - 200 / 400}$$

$$= 400,000$$

<問題3＞

設問1． 解答　600万円

解説

直接労務費差異＝支払い賃金総額－標準賃率×標準作業時間であることより，

直接労務費差異　＝　33,000,000　－　1,800　×　15,000

　　　　　　　　＝　6,000,000　　となる。

設問2． 解答　330万円

解説

実際賃率は，33,000,000÷16,500＝2,000円／時間であるから

賃率差異　＝　（実際賃率－標準賃率）×　実際作業時間

　　　　　＝　（2,000－1,800）×　16,500

　　　　　＝　3,300,000

設問3. 解答　270万円

解説

作業時間差異＝標準賃率×（実際作業時間－標準作業時間）であるから

作業時間差異　＝　1,800×（16,500－15,000）

　　　　　　　＝　2,700,000

第 5 章
安全衛生管理及び環境の保全

安全衛生管理の基本

労働者の安全と健康を確保するために，国は『労働安全衛生法』を定め，事業者に対して，法律で定めた労働災害防止のための最低基準を守るとともに，快適な職場環境の実現と労働条件の改善を推進することを規定しています。労働災害防止に当たっては，労働安全衛生法をはじめ施行規則その他関連規則を遵守することが，安全衛生法の基本です。

1 安全衛生管理と防災

安全衛生管理と防災とは，企業の財産や作業者をいかに周辺の危険や災害から守られるかということです。地震や自然災害などの危険から，いかに被害を少なくできるかということを日頃から考えておく必要があります。

(1)作業と安全性

作業時における危険には次のようなものがあります。

①設備・機械に起因するもの　　⑤作業者の行動から生じるもの
②工具・治具に起因するもの　　⑥作業場所によるもの
③原料・材料に起因するもの　　⑦自然災害によるもの
④作業方法から生じるもの　　　⑧作業者の健康にかかわるもの

(2)労働災害と安全性

監督者は，作業にかかわる人，物，手順に関して，点検や指導・処置を実行する役割があります。

2 技術の進歩と環境の変化

(1)技術の進歩と安全性

一般に工場における生産技術の進歩を考えると，①装置の大型化②回転機械の高速化③機器の高機能化④材料の多様化，などがあります。そしていったん装置に異常が生じれば，その影響の大きさは計り知れないものがあります。

⑵作業環境と危険防止

　技術の進歩に伴って装置は急速に自動化され，作業者は肉体労働から監視などの精神的な労働に移行しています。したがって作業者は，緊張感からくるストレスによる行動ミスなどの災害リスクがあります。

安全衛生作業

1 作業方法の決定及び作業者の配置

(1)作業手順の決め方

　作業を次の手順で行うことにより，ムリ・ムラ・ムダが無く，安全に作業を行うことができます。

　　①作業を単動作に分解 → ②分析 → ③分類・整理 → ④良い順序に並び替え
　　→ ⑤成文化

(2)作業方法の改善

　更にムリ・ムラ・ムダが無いか，災害要因は無いかなど，問題点を抽出し改善します。

　　①体に常態的に大きな負担のかかる不自然な姿勢での作業は，機械設備の改善などを行う。
　　②荷物の持ち運びや機械設備の取扱いなどで，相当な筋力を要する作業は，助力装置の導入などで負担の軽減を図る。
　　③高温・多湿や騒音等の場所の作業は，防熱・遮音などを行う。
　　④高い緊張状態の持続が要求される作業や一定の姿勢を長時間持続する作業は，機器導入などで緊張緩和を図る。
　　⑤日常用いる機械設備などは，識別しやすい文字で適正な表示を行い，作業特性に適合した操作のしやすい配慮を行う。

(3)作業者の適正な配置

　作業者の配置にあたっては，「作業に必要な条件」と「作業者の要素」を考慮して，適正な配置を行う必要があります。

　　①就業制限
　　　クレーンの運転業務には，技能講習を修了した有資格者以外の者を就けてはならない。

②危険または有害業務への配慮

　　一定の危険または有害業務には，作業ごとに作業主任者・作業指導者・誘導員・監視員等を配置すること。

③高年齢者等配置の際の配慮

　　事業者は，労働災害防止上その就業に特に配慮を要する中高年齢者や，障害者，出稼労働者については，当該労働者の心身の条件に応じて適正な配置を行うこと。

④年少者および女性の配置

　　年少者（18才未満）の配置に当っては，労働基準法上の規則として，深夜業の禁止や危険有害業務の就業制限等に留意しなければならない。

　　また女性の配置に当っては，男女均等な取扱いをしなければならない。深夜業に就く女性については，就業環境等の整備が義務付けされている。

❷ 作業者に対する指導及び監督

指導および監督は，作業を正しく安全に行うために，必要な知識・技能を身に付けさせ，作業者の能力を高めます。

(1)指導及び教育方法

①OJT 教育

　　日常業務の中で教育を行います。ただし作業中だけでなく，指示や仕事の変わり目，報告を受けるとき，朝礼など，職務全般を通じて行います。

②法令教育

　　労働安全衛生法により，下記内容の教育が義務付けされています。

　1．新たに雇い入れた労働者に対する安全衛生教育
　2．新たに職務に就くことになった職長，その他の作業中の労働者を直接指導または監督する者に対する教育
　3．危険有害業務に従事させる者に対する特別教育
　4．危険有害業務に現に従事している者に対する教育
　5．作業内容を変更したときの安全衛生教育
　6．安全管理者，衛生管理者等の安全衛生業務従事者への能力向上教育
　7．労働者に対する健康教育

(2)監督及び指示方法
①監督者の日常業務
　　　１．作業を進めるための計画，割当て，段取り，作業手順，打合せなど。
　　　２．本作業段階での指示，点検確認，および指導など。
　　　３．後始末段階での，報告・連絡業務など。

②指示の方法
　　　指示は，５つの要点（明確に，具体的で分かり易く，急所を忘れずに，理由を説明して，納得を確かめて）を押さえて行うことが大切です。

❸ 作業設備及び作業場所の保守管理

(1)作業設備の安全化
　作業設備による事故や災害を事前防止するためには，次のような評価・措置が有効です。

①リスクアセスメント
　　　リスクアセスメントとは，作業設備（機械，器具，道具など）の計画・設計の段階から，リスク（傷害の発生確率×その傷害の大きさ）を低減するために危険有害要因を特定し，リスクを見積り評価をすることです。

②フェールセーフ
　　　フェールセーフとは，作業設備の一部に故障が生じても，全体の故障や事故・災害にならない安全が保たれていることです。

③フールプルーフ
　　　フールプルーフとは，作業者が作業設備を間違って操作しても，それを作業設備が補って安全が保たれていることです。

(2)安全衛生設備の点検

　事業者は，作業環境中の種々の有害要因を除去することにより，作業者の安全衛生上の環境条件を改善し，その状態を保持しなければなりません。

　そのためには，まず「作業環境の測定」を行って作業環境を客観的に把握し，評価することが必要です。

　また作業環境の保持のためには，４S（整理・整頓・清掃・清潔）の励行，作業設備等の点検励行，なども大切です。

　安全衛生点検には，次のようなものがあります。

①作業開始前の点検

　　毎日の作業前に，機械・設備・工具・保護具等を点検します。

②作業終了時の点検

　　作業終了後，使用した機械や設備の異常有無を点検します。

③異常時の点検

　　災害等の発生後，作業再開時に現場状況の異常有無を点検します。

④日常点検

　　現場監督者が，物・人の両面にわたって点検します。

⑤定期点検

　　機械設備について，法定の期間内ごと定期的に点検を行います。

4 異常時における措置

(1)異常時における措置

　異常時とは，不安全の状態や不安全な行動があり，明らかに事故または災害につながると思われる状態のことです。

　異常が発生したときは，異常がどの部分で発生し，どの程度のものであるかを正確に確認し，異常状態に応じた応急処置を速やかに講じなければなりません。

(2)災害発生時における措置

　事故や火災が発生したら，災害状況に応じて次の措置（次ページ参照）を講じる必要があります。

①緊急処置（関係者への連絡，上司への報告，災害実態の確認，処置等）
②被災者の緊急処置　③二次災害防止の予防措置　④災害発生現場の保存
⑤災害原因の調査　⑥事後報告および死傷病の報告　⑦同種・類似災害の再発防止対策

(3)事故や労働災害の報告

①事業場内又はその付属建設物内で，火災や爆発事故などが発生した場合は，報告書を遅延なく所轄労働基準監督署に提出しなければならない。

②労働者が労働災害，その他就業中又は事業場内もしくはその付属建設物内における負傷，窒息又は急性中毒により死亡し，又は休業したときは，報告書を所轄労働基準監督署に提出しなければならない。

イ．休業4日以上の場合は，遅延無く報告書を提出すること

ロ．休業4日未満の場合は，1月〜3月まで，4月〜6月まで，7月〜9月まで，10月〜12月までの期間における当該事実について，それぞれの期間の最後の月の翌月末日までに報告書を提出すること

5 労働災害防止活動

　労働災害防止のためには，労働者全員が自ら問題意識を持ち，災害防止活動に取り組むことが大切です。また自主的に安全衛生を考え，創意工夫し，実行できる環境が必要です。次のような活動事例があります。

(1)ヒヤリ・ハット活動

　作業中にヒヤリとした，ハッとしたが幸い災害にはならなかった，という事例を報告・提案する制度を設け，災害が発生する前に対策を打とうという活動です。

<ヒヤリ・ハットの事例>

状況　製品を作業場から運搬中，床が漏水により濡れていたため，転びそうになった。

⇩

対策　・床面が濡れているときは直ぐに拭取る。

　　　・漏水の原因を突き止め，対策を行う。

⑵危険予知活動（KYK）

　危険予知活動は，作業前に現場や作業に潜む危険要因と，それにより発生する災害について話し合い，作業者の危険に対する意識を高めて，災害を防止しようというものです。

<危険予知の事例>

　状況　脚立を使って窓拭きを行っています。

　　　　　　　　⇩　どんな危険が
　　　　　　　　　　潜んでいますか

　危険　・脚立から離れた窓を拭こうとして，身
　　　　　を乗り出したときに，脚立が不安定に
　　　　　なり，傾いて落ちる。

　　　　・脚立から降りるときに，そばに置いて
　　　　　あるバケツに足を引っ掛けて転ぶ。

⑶安全当番制度

　職場の安全パトロール員や安全ミーティングの進行役を，当番制で全従業員に担当させる制度です。従業員の安全意識を高めるのに有効な方法です。

6 労働衛生活動

⑴労働衛生対策

　労働衛生対策を行うには，その労働衛生対策を推進ための組織づくりが必要です。

①作業環境管理

　　作業環境中の有害要因を除去し，労働者の健康障害を防止します。

②作業管理

　　有害物質等を適切に管理して，作業環境の悪化を防止します。

③健康管理

　　健康診断およびその結果のフォロー，心身両面にわたる健康保持の増進を図ります。

④労働衛生教育

　　労働衛生の3管理（作業環境管理，作業管理，健康管理）を適切に進めるために，労働者に労働衛生に関する教育を行います。

⑵快適な職場づくり

仕事による疲労やストレスを感じることの少ない，働きやすい職場を目指して，国は「指針」を定めています。

＜国の指針＞

労働安全衛生法における「事業者が構ずべき快適な職場環境の形成のための措置に関する指針」が公表されています。

＜指針のポイント＞

指針では，快適職場は「作業環境の管理」「作業方法の改善」「労働者の心身の疲労の回復を図るための施設・設備の設置・整備」「その他の施設・設備の維持管理」の４つの視点から措置を講じることが望ましいとされています。

⑶健康確保対策

①健康診断（一般健康診断，特殊健康診断）

②健康診断実施後の措置

③長時間労働者への医師による面接指導の実施

④心とからだの健康づくり

作業環境の測定

労働安全衛生法などでは，作業環境の測定場所や測定頻度などが定められています。

1 作業環境測定の実施原則

第1の原則：粉じん，有機溶剤など10の作業場において，法定回数測定し記録を法定年数保存する。

第2の原則：作業環境測定基準に従って測定する。

第3の原則：指定作業場においては，作業環境測定士または作業環境測定機関に測定させる。

2 作業環境測定の基準（抜粋）

作業環境測定を行うべき作業場		測定			
作業場の種類（労働安全衛生法施行令第21条）		関係規則	測定の種類	測定回数	記録の保存年数
1	土石，岩石，鉱物，金属または炭素の粉じんを著しく発散する屋内作業場	粉じん則26条	空気中の濃度および粉じん中の遊離けい酸含有率	6月以内ごとに1回	7
2	暑熱，寒冷または多湿屋内作業場	安衛則607条	気温，湿度，ふく射熱	半月以内ごとに1回	3
3	著しい騒音を発する屋内作業場	安衛則590，591条	等価騒音レベル	6月以内ごとに1回	3
4	中央管理方式の空気調和設備を設けている建築物の室で，事務所の用に供されるもの	事務所則7条	一酸化炭素および二酸化炭素の含有率，室温および外気温，相対湿度	2月以内ごとに1回	3

5	酸素欠乏危険場所に おいて作業を行う場 合の当該作業場	酸欠則3条	第1種酸素欠乏 危険作業に係る 作業場にあって は，空気中の酸 素の濃度	作業開始前 等ごと	3
			第2種酸素欠乏 危険作業に係る 作業場にあって は，空気中の酸 素および硫化水 素の濃度		

3 照度の基準

　照度の目的は，種々の作業場において見ようとするものを見易くして，作業能率の向上および安全な作業環境の形成に寄与することです。したがって，照度設備は合理的に設計・配置され，運用されなければなりません。

(1)照度の法規基準

　作業場所の照度の最低基準が，『労働安全衛生規則』に定められています。

■『労働安全衛生規則』より

作業区分	基準
精密な作業	300 lx 以上
普通の作業	150 lx 以上
粗な作業	70 lx 以上

※しかしながら本法規はあくまで「最低基準」です。そこで，現実的な照度設定の参考として「JIS 照度基準」（次ページ参照）があります。

(2)JIS 照度基準

　場所別・作業別に必要な照度が，JIS により定められています。

■『JIS 照度基準』（JIS Z9110）より抜粋

照度 [lx]	事務所	工場	学校
750	事務室 設計室	やや精密な 視作業	
500	会議室 制御室	普通の 視作業	実験実習室 図書閲覧室
300	受付 化粧室	倉庫内の 事務	教室職員室
200	便所 更衣室	粗い視作業	講堂集会室
150		荷積み， 荷降ろし	
100	休憩室	ごく粗い視 作業・倉庫	

(3)照度に関する知識

<照明の3原則>

　　①光の量（明るさ）　　②光の質（色・温度・輝き）　　③光の方向

<光の種類>

	定義の解説	記号	単　位
光束	光の量（光源全体の明るさ）	F	ルーメン（lm）
光度	光の強さ（光源からある方向の明るさ）	I	カンデラ（cd）
照度	場所の明るさ	E	ルクス（lx）
輝度	かがやき（光のみかけの単位面積（m²）当たりの明るさ）	L	ニト（nt）または （cd/m²）
光束発散度	物の明るさ（照度×反射率，光束×透過率／その他の面積（m²））	M	ラドルクス（rlx） または（lm/m²）

第4節 安全衛生の管理体制

労働安全衛生法では，労働災害を防ぎ，事業者の自主的な安全衛生活動を確保するために，以下のような安全衛生管理体制を整備することが義務付けされています。

1 総括安全衛生管理者 （製造業では，300人以上の事業場）

事業場ごとに総括安全衛生管理者を選任し，安全管理者又は衛生管理者を指揮させ，安全衛生業務を統括管理させます。通常，工場の場合は工場長などの経営トップを充てることが求められています。

2 安全管理者 （常時50人以上の事業場）

事業場ごとに安全管理者を選任し，定められた安全に係る技術的事項を管理させます。安全管理者に選任されるには，一定の資格（※）が必要です。

　※：一定期間の実務経験と一定の研修修了者，または労働安全コンサルタント試験合格者

3 衛生管理者 （50〜200人 で は 1 人，201〜500人 で は 2 人，501人〜1,000人では3人，……）

事業場ごとに衛生管理者を選任し，定められた衛生に係る技術的事項を管理させます。衛生管理者に選任されるには，一定の資格（※）が必要です。

　※：衛生管理者試験合格者，または医師・労働衛生コンサルタントなど

4 産業医 （常時50人以上の事業場）

事業場ごとに産業医を選任し，産業医は少なくとも1ヵ月に1回以上，作業場等の巡視を行わなければなりません。産業医の専属性については，常時1,000人以上の事業場，又は500人以上で危険な業務に従事させる場合は，専属としなければなりません。

5 安全衛生推進者 （10～49人の事業場）

　10～49人の事業場では，安全衛生推進者を14日以内に選任し，その氏名を作業場の見やすい箇所に掲示等により労働者に周知しなければなりません。

6 作業主任者 （各作業区分に応じた作業主任者を選任）

　作業区分に応じた作業主任者を選任し，その氏名およびその者に行わせる事項を作業場の見やすい箇所に掲示等により，労働者に周知しなければなりません。

7 安全委員会 （業種により50人以上，または100人以上）

　安全委員会は毎月1回開催し，議事で重要なものは記録を作成して，3年間保存しなければなりません。議長以外の委員の半数は，労働組合又は労働者の過半数を代表する者の推薦者で構成されること。

8 衛生委員会 （常時50人以上の事業場）

　衛生委員会は毎月1回開催し，議事で重要なものは記録を作成して，3年間保存しなければなりません。議長以外の委員の半数は，労働組合又は労働者の過半数を代表する者の推薦者で構成されること。

9 安全衛生委員会

　1つの事業場で，安全委員会と衛生委員会の双方の委員会を設ける必要のある場合は，まとめて安全衛生委員会を設けることができます。

安全衛生管理及び環境の保全

	各事業場での労働者数						
	～9人	10人～	50人～	100人～	201人～	300人～	501人～
1．総括安全衛生管理者						製造業などでは300人以上	
2．安全管理者			安全管理者の選任				
3．衛生管理者			1人選任		2人選任		3人選任
4．産業医			産業医の選任				
5．安全衛生推進者		（推進者）					
6．作業主任者		各作業区分に応じた作業主任者の選任					
7．安全委員会			林業,鉱業,その他	安全委員会を毎月1回［左記業種以外（製造業など）］			
8．衛生委員会			衛生委員会を毎月1回				
9．安全衛生委員会			安全委員会と衛生委員会をまとめた安全衛生委員会でも可				

　総括安全衛生管理者・安全管理者・衛生管理者・産業医は，選任すべき事由が発生した日から14日以内に選任を行い，報告書を遅滞なく，所轄の労働基準監督署長に提出しなければなりません。

第5節 災害統計

　災害統計は，発生した災害の発生状況等について，事実調査を行うと共に問題点を把握し，災害防止に役立てることを目的としています。

1 度数率

　度数率とは，100万延べ労働時間当たりに発生する死傷者数です。

$$度数率 = \frac{労働災害による死傷者数}{延べ労働時間数} \times 1,000,000$$

　※労働災害による死傷者数には，不休災害は含まれません。

2 強度率

　強度率とは，1,000延べ労働時間当たりの災害によって失われる労働損失日数の割合です。

$$強度率 = \frac{労働損失日数}{延べ労働時間数} \times 1,000$$

　※労働損失日数に，休日分の日数は含まれません。

3 年千人率

　労働者1,000人当たり1年間に発生する死傷者数を示した数値で，次の算式で表されます。

$$年千人率 = \frac{1年間の死傷者数}{1年間の平均労働者数} \times 1,000$$

※わが国における労働損失日数の基準は，次の通りです。

　①死亡または永久労働不能（身体障害等級1～3級）の場合は，7,500日とする。

　②後遺症が残る場合は，障害等級に応じて下表で定められている。

身体障害等級	1～3	4	5	6	7	8	9	10	11
労働損失日数	7,500	5,000	4,000	3,000	2,200	1,500	1,000	600	400

労働安全衛生法

1 労働安全衛生法の狙い

(1)目的

　労働基準法と相まって，危害防止基準の確立，責任体制の明確化，自主的活動の促進等の総合的・計画的な対策を推進することにより，安全と健康を確保し，快適な職場環境の形成を促進します。

(2)事業者の責務

　①事業者は，単にこの法律で定める労働災害防止のための最低基準を守るだけでなく，快適な職場環境の実現と労働条件の改善を通じ，労働者の安全と健康を確保するようにしなければなりません。

　②機械・器具その他の設備を設計，製造，もしくは輸入するものは，これらの物が使用されることによる，労働災害の発生防止に努めなければなりません。

(3)労働者の責務

　労働災害を防止するための必要事項を守るほか，事業者・関係者が実施する労働災害の防止措置に，協力しなければなりません。

2 安全衛生管理体制

　『第4節 安全衛生の管理体制』に記されているような体制を構築する必要があります。

3 危険又は健康障害を防止するための措置

　設備，原材料，作業行動等に起因する危険性・有害性等の調査を行い，必要な措置を講じることとされています。（リスクアセスメントの実施）

4 機械及び有害物に関する規制

⑴定期自主検査

　ボイラーその他の機械で，一定のものは定期に自主検査を行い，その結果を記録しなければなりません。この機械のうち動力プレス等では，一定の資格を有する者により検査を行う必要があります。

⑵危険物，有害物の表示

　爆発性，発火性，引火性労働者に危険を生ずる恐れのあるもの，ベンゼン，ベンゼンを含有する製剤労働者に健康障害を生ずる恐れのあるものは容器に入れ，譲渡又は提供する際，その名称・成分等を表示しなければなりません。

⑶化学物質の情報提供

　労働者の健康障害を生ずる恐れのある化学物質等の譲渡・提供者に対して，譲渡・提供先に化学物質等安全データシート（MSDS）を交付しなければなりません。

5 就業に当たっての措置

⑴安全衛生教育（特別教育）

　労働者を雇い入れたとき，又は危険有害業務に労働者をつかせるとき，その従事する業務に関する安全衛生のための教育，又は特別教育を行なわなければなりません。

　（特別教育については，第2節の「 2 作業者に対する指導及び監督」を参照）

⑵職長教育

　職場の職長等に就任することとなった者に対して，職長等に必要とされる一定の事項について，安全衛生教育を行わなければなりません。

⑶就業制限

　特定の危険業務に労働者をつかせるとき，法定の資格を有する者でなければ，その業務につかせてはなりません。

⑥ 健康の保持増進のための措置

⑴環境測定

『第3節 作業環境の測定』欄を参照

⑵健康診断

①一般健康診断

事業者は，労働者に対し，雇い入れ時の健康診断，定期健康診断（1年以内ごとに1回），特定の業務に従事する者に対する健康診断（6ヶ月以内ごとに1回）を行わなければなりません。

②特殊健康診断

特殊の有害業務に従事する労働者に対し，雇い入れ時・配置替え時及び定期に，特別項目の健康診断を行わなければなりません。

第7節 労働安全衛生マネジメントシステム(OSHMS)

1 労働安全衛生マネジメントシステムの概要

　本システムは，事業者が労働者の協力のもとに，計画（Plan）・実施（Do）・評価（Check）・改善（Action）という一連の過程により，継続的な安全衛生活動を自主的に進めることにより，労働災害の防止と労働者の健康増進，快適な職場環境の形成に貢献するものとします。

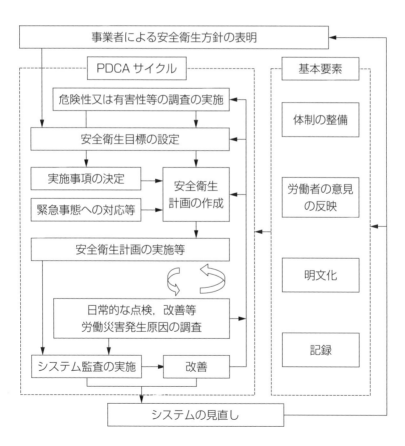

安全衛生管理
及び環境の保全

2 労働安全衛生マネジメントシステムの特徴

労働安全衛生マネジメントシステムには，次のような特徴があります。

(1)組織的な体制

経営トップによる安全衛生方針に基づき，次いでシステム管理者の指名などにより，組織的な安全衛生活動を推進します。

(2)PDCA サイクル構造

計画（Plan）－実施（Do）－評価（Check）－改善（Action）の PDCA サイクルを通じて，安全衛生管理を自主的・継続的に進めます。

(3)明文化（手順化，文書化）

システムを適正に効果的に運用するために，関係者の役割・責任および権限を明確にし，文書にして記録します。

(4)危険または有害要因の特定

危険性または有害性等の調査を行い，その結果に基づいて必要な処置をとるための手順を定めることにより，安全化を推進します。

第8節 環境マネジメントシステム (ISO14001)

環境マネジメントシステム（ISO14001）とは，国際標準化機構（ISO）が発行した環境マネジメントシステムに関する国際規格の総称です。

ISO14001は，1996年9月に制定されています。なお，本規格には法的拘束力はありません。規格に沿った取組をするかどうかは，事業者の自主判断によります。

1 審査登録制度

環境マネジメントシステム（ISO14001）を構築したことを社会へ伝えるためには，自己宣言し，外部の機関に証明してもらう（第三者認証）ことが必要です。

第三者認証を受けるには，審査登録機関の審査を受ける必要があります。この審査登録機関の質を確保するため，日本適合性認定協会（JAB）が審査登録機関を認定しています。

2 環境マネジメントシステムとは

本システムでは，組織が自主的に環境に関する経営方針を明確にします。そして，何が環境に影響を与えるかを自ら評価し，著しい環境影響を与える側面を管理する目標を立て，活動を行います。

環境パフォーマンスが目標を達成できなかった場合，システムが機能する処置が必要ですが，システムを改善することも求められます。

3 ISO14001の要求事項

ISO14001（2015）の要求事項としては，次のようなものがあります。
①組織の状況　⑤運用
②リーダーシップ　⑥パフォーマンス評価
③計画　⑦改善
④支援

4 環境パフォーマンス指標

環境パフォーマンス指標には次のようなものがあります。

①原材料またはエネルギー使用量

②二酸化炭素（CO_2）などの排出量

③製品1個当りの廃棄物発生量

④環境事故（突発の汚染物質排出など）の件数

第9節 公害防止

「公害」とは，環境の保全上の支障のうち，事業活動その他の人の活動に伴って生ずる相当範囲にわたる環境の悪化によって，人の健康または生活環境に被害が生じることをいいます。（建築物による日照阻害や電波障害，食品による被害などは，法律的には公害には含まれません）

近年の社会・経済の発展は，人々の生活の質を著しく向上させる一方，様々な面で，人の健康や生活環境に影響を及ぼすようになりました。そこで1993年に，「公害対策基本法」に替わって「環境基本法」が定められました。

1 典型７公害

環境基本法に定義された７種類の公害（一般に「典型７公害」と呼ばれている）は，下記通りです。

①大気の汚染　②水質の汚濁　③土壌の汚染　④騒音
⑤振動　⑥地盤の沈下　⑦悪臭

※高度経済成長期に進行した「典型７公害」による環境汚染や人の健康への被害に対して，環境基本法や関連法などにより，積極的な対策がとられてきました。

2 公害防止組織と公害防止管理者

特定工場（※１）においては，公害防止統括者と公害防止管理者の配置が義務付けされています。さらに大規模（※２）特定工場の場合は，この公害防止統括者と公害防止管理者との間に公害防止主任管理者を配置することが定められています。一方，従業員20名以下の場合は，公害防止統括者を配置する必要はありません。

また，公害防止主任管理者と公害防止管理者は，次のような国家資格を取得する必要があります。

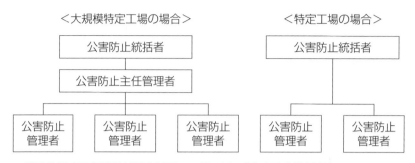

＜大規模特定工場の場合＞

```
          公害防止統括者
               │
          公害防止主任管理者
        ┌──────┼──────┐
    公害防止   公害防止   公害防止
    管理者    管理者    管理者
```

＜特定工場の場合＞

```
          公害防止統括者
        ┌──────┴──────┐
    公害防止        公害防止
    管理者         管理者
```

・常時使用する従業員が20名以下の工場では，「公害防止統括者」は不要です。

■ 公害防止管理者の国家資格

有害物質使用施設	工場の規模	
	大規模（※2）	小規模（※2）
保有有り	第1種公害防止管理者	第2種公害防止管理者
保有無し	第3種公害防止管理者	第4種公害防止管理者

※1．特定工場とは下記工場のことです。
　　製造業・電気供給業・ガス供給業および熱供給業のいずれかに属し，ばい煙発生施設・特定粉じん発生施設・一般粉じん発生施設，汚水処理施設，騒音発生施設，振動発生施設，ダイオキシン発生施設等の公害発生装置を設置している工場のことです。
※2．「大規模」とは，ばい煙発生量が1時間当たり4万 m³以上，汚水排水量が1日当たり平均1万 m³以上をいいます。「小規模」とは，上記の各値未満が対象となります。

第10節 環境基本法

　環境基本法は1993年に，環境保全を総合的かつ計画的に推進し，国民の健康で文化的な生活を確保するとともに，人類の福祉に貢献する目的で制定されました。

1 環境基本法の理念

　①現在および将来の人間が健全な環境の恵沢を享受し，それを継承できること。
　②すべての者の公平で，自主的，積極的な行動で，環境負荷を低減し，持続的発展が可能な社会を構築すること。
　③国際的協調による地球環境保全を積極的に推進すること。

2 環境基本計画

　環境基本計画は，環境基本法第15条に基づき政府が定める環境の保全に関する基本的な計画です。
　第三次基本計画（2006年）においては，環境保全につながる言葉として，『3R』があげられています。『3R』とは，ゴミになりにくいものを利用する『Reduce（リデュース）＝発生抑制』，廃棄物を減らすために繰り返して利用する『Reuse（リユース）＝再使用』，資源を有効に活用する『Recycle（リサイクル）＝再生利用』を示しており，事業活動においては，ものづくりの段階において考慮することが期待されています。
　第四次基本計画（2012年）では，目指すべき持続可能な社会として，①循環型社会・②自然共生型社会・③低炭素社会の各分野の統合が掲げられています。

3 環境関連法規

環境問題の課題ごとに，下記のような法規が制定されています。

大気汚染等に関して   ①大気汚染防止法
                       ②悪臭防止法
                       ③自動車排出窒素酸化物……

水質汚濁等に関して   ①水質汚濁防止法
                       ②湖沼水質保全……
                       ③瀬戸内海環境保全……

騒音等に関して   ①騒音規制法
                       ②振動規制法

土壌汚染に関して   ①農用地の土壌汚染防止

廃棄物等に関して   ①循環型社会形成推進基本法
                       ②廃棄物の処理及び清掃
                       ③資源の有効利用の促進

化学物質に関して   ①化学物質の審査及び製造等の規制

地球環境問題に関して   ①地球温暖化対策の推進
                       ②特定有害廃棄物の輸出入の規制

大気汚染防止法

　この法律は，工場及び事業場における事業活動並びに建築物等の解体等に伴うばい煙，揮発性有機化合物及び粉じんの排出等を規制し，有害大気汚染物質対策の実施を推進し，並びに自動車排出ガスに係る許容限度を定めること等により，大気の汚染に関し，国民の健康を保護するとともに生活環境を保全し，並びに大気の汚染に関して人の健康に係る被害が生じた場合における事業者の損害賠償の責任について定めることにより，被害者の保護を図ることを目的とする。

水質汚濁防止法

　この法律は，工場及び事業場から公共用水域に排出される水の排出及び地下に浸透する水の浸透を規制するとともに，生活排水対策の実施を推進すること等によつて，公共用水域及び地下水の水質の汚濁（水質以外の水の状態が悪化することを含む。以下同じ。）の防止を図り，もって国民の健康を保護するとともに生活環境を保全し，並びに工場及び事業場から排出される汚水及び廃液に関して人の健康に係る被害が生じた場合における事業者の損害賠償の責任について定めることにより，被害者の保護を図ることを目的とする。

※公共用水域とは，水質汚濁防止法によって定められる，公共利用のための水域や水路のことをいう。河川，湖沼，港湾，沿岸海域，公共溝渠，かんがい用水路，その他公共の用に供される水域や水路。ただし，下水道は除く。

4 環境管理

　企業や工場における環境管理は，環境を維持し改善するために管理目標と改善指標を定め，その対策に取り組む活動です。その手順は次の通りです。
①物質収支やエネルギー収支を測定して，環境影響の実態を把握する
②環境影響の項目ごとに重要度をつけ，課題の到達目標を定める
③課題ごとに原因を究明し，具体的に実施可能な対策案を実施する
④対策の実施結果をチェックして必要な追加処置を講ずる
⑤得られた成果が持続するように標準化を進め，歯止めをかける

安全衛生管理
及び環境の保全

演習問題〈学科試験編〉

問題1 労働安全衛生法によって，教育を義務付けされていない対象者はどれですか。

イ．危険有害業務に従事させる作業者

ロ．危険有害業務に現に従事している作業者

ハ．作業内容を変更したときの作業者

ニ．新たに安全委員会の委員になる予定の作業者

ホ．安全管理者，衛生管理者等の安全衛生業務従事者

問題2 安全委員会や衛生委員会に関する下記内容で，誤っているものはどれですか。

イ．安全委員会と衛生委員会の設置が義務付けされている事業場では，まとめて安全衛生委員会としても問題ない。

ロ．安全委員会は，特定の業種で一定の規模以上の事業場に義務付けされている。

ハ．衛生委員会は，全ての業種において常時50人以上の規模の事業場に義務付けされている。

ニ．安全委員会および衛生委員会は，1年に1回開催すればよい。

ホ．安全委員会および衛生委員会の議事録は，3年間保存しなければならない。

問題3 常時雇用の従業員が250人の製造事業場である場合，誤っているものはどれですか。

イ．安全管理者を1人選任しなければならない。

ロ．衛生管理者を2人選任しなければならない。

ハ．専属の産業医を選任しなければならない。

ニ．総括安全衛生管理者を選任する必要はない。

ホ．安全委員会，衛生委員会を月1回開催しなければならない。

問題4　災害発生状況を表した災害統計の式に関して，（　　）内の語句として，正しい組合せはどれですか。

$$度数率 \ = \ \frac{（\ ①\ ）}{延べ労働時間数} \times 1,000,000$$

$$強度率 \ = \ \frac{（\ ②\ ）}{延べ労働時間数} \times 1,000$$

$$年千人率 \ = \ \frac{（\ ③\ ）}{1年間の平均労働者数} \times 1,000$$

	①	②	③
イ.	労働災害による死傷者数	労働損失日数	1年間の死傷者数
ロ.	労働災害による死傷者数	死傷者数	1年間の労働損失日数
ハ.	労働災害による死傷者数	労働損失日数	1年間の休業日数
ニ.	労働災害による休業日数	労働損失日数	1年間の死傷者数
ホ.	労働災害による休業日数	死傷者数	1年間の死傷者数

問題5　労働安全衛生法関係法令の事故や労働災害の報告において，正しくないものはどれですか。

イ. クレーンのワイヤーロープ又はつりチェーンの事故が発生した場合は，遅滞なく報告書を所轄労働基準監督署長に提出しなければならない。

ロ. 事業場又はその付属建設物内で，火災又は爆発事故が発生した場合は，遅滞なく報告書を所轄労働基準監督署長に提出しなければならない。

ハ. 労働者が事業場において労働災害により4日間以上休業した場合は，遅滞なく報告書を所轄労働基準監督署長に提出しなければならない。

ニ. 労働者が事業場において労働災害により休業した場合でも，休業3日間以内であれば，所轄労働基準監督署長に報告しなくてもよい。

ホ. 労働災害とは，労働者が職場内あるいは職場外であっても，業務の遂行中に被災することをいう。

問題6　環境マネジメントシステム（ISO14001）に関する記述の中で，誤っているものはどれですか。

イ．ISO14001は，1996年に制定されている。

ロ．ISO14001は，第三者認証制度で成り立っている。

ハ．ISO14001に法的拘束力はなく。事業者の自主判断に委ねられている。

ニ．ISO14000シリーズは，環境マネジメントを支援する手法に関する規格で構成されている。

ホ．ISO14001は，各国の工業製品の仕様を共通化するためのものである。

問題7　公害防止組織に関する記述で，誤っているものはどれですか。

イ．特定工場では，公害防止統括者と公害防止管理者の配置が必要である。

ロ．大規模特定工場の場合，公害防止主任管理者の配置が必要である。

ハ．公害防止管理者は，国家資格が必要である。

ニ．特定工場は，産業分野と保有する施設の両面から決められている。

ホ．従業員20名以下であっても，公害防止統括者を配置する必要がある。

問題8　環境基本計画に関する記述で，（　　）内の語句として，正しい組合せはどれですか。

環境基本計画は，（　①　）第15条に基づき政府が定める環境の保全に関する基本的な計画であり，第三次基本計画においては，環境保全につながる言葉として，『3R』があげられている。『3R』とは，ゴミになりにくいものを利用する『Reduce（リデュース）＝（　②　）』，廃棄物を減らすために繰り返して利用する『Reuse（リユース）＝（　③　）』，資源を有効に活用する『Recycle（リサイクル）＝（　④　）』を示しており，事業活動においては，ものづくりの段階において考慮することが期待されている。

	①	②	③	④
イ．	環境基本法	発生抑制	再使用	再生利用
ロ．	環境基本法	発生抑制	再生利用	再使用
ハ．	廃棄物処理法	代替利用	再生利用	再使用
ニ．	廃棄物処理法	廃棄	発生抑制	再生利用
ホ．	公害対策基本法	廃棄	発生抑制	再使用

190

問題9　環境基本法に定義された7種類の公害（一般に「典型7公害」と呼ばれている）に関する記述で，誤っているものはどれですか。

イ．大気の汚染は，典型7公害に含まれる。

ロ．土壌の汚染は，典型7公害に含まれる。

ハ．建築物による日照阻害は，典型7公害に含まれる。

ニ．平成26年度で苦情受付件数で多いのは，「大気の汚染」「騒音」である。

ホ．公害には，地震や台風による被害は含まれない。

問題10　労働安全衛生法におけるリスクアセスメントに関する記述で誤っているものはどれですか。

イ．リスクアセスメント実施の最初は，危険有害源を特定する（見出す）ことである。

ロ．リスクアセスメント実施で大事なことは，リスクを推定し評価し，対策の優先度を決定することである。

ハ．リスクの見積りは，被害の大きさ×発生頻度で表される。

ニ．リスク低減を実施する前に，関係する法令の遵守が求められる。

ホ．リスク低減を行うときは，マニュアルの整備や安全衛生教育が優先される。

安全衛生管理及び環境の保全

解答と解説〈学科試験編〉

問題1 解答　ニ

解説

　安全委員会の委員へは，教育の義務はありません。

問題2 解答　ニ

解説

　安全委員会および衛生委員会は，月に1回開催する必要があります。

問題3 解答　ハ

解説

　常時従業員が1,000人未満の事業場では，産業医は専属である必要はありません。

問題4 解答　イ

解説

$$度数率 = \frac{（労働災害による死傷者数）}{延べ労働時間数} \times 1,000,000$$

$$強度率 = \frac{（労働損失日数）}{延べ労働時間数} \times 1,000$$

$$年千人率 = \frac{（1年間の死傷者数）}{1年間の平均労働者数} \times 1,000$$

問題5 解答　ニ

解説

　労働者が労働災害で休業した場合，休業4日未満であっても下記期限内に，報告書を所轄労働基準監督署長に提出しなければなりません。

　○休業4日未満時の提出期限

　　1月～3月まで，4月～6月まで，7月～9月まで，10月～12月までの期間における当該事実について，それぞれの期間の最後の月の翌月末日までに報告書を提出する必要があります。

問題6 | 解答 ホ

解説

ISO14001は，環境マネジメントシステムの仕様を定めた規格であり，工業製品の仕様を定めたものではありません。

問題7 | 解答 ホ

解説

従業員20名以下の事業場では，公害防止統括者を配置する必要はありません。

問題8 | 解答 イ

解説

環境計画における『3R』とは，『Reduce（リデュース）＝発生抑制』『Reuse（リユース）＝再使用』『Recycle（リサイクル）＝再生利用』です。

問題9 | 解答 ハ

解説

建築物による日照阻害や電波障害などは，典型7公害に含まれません。

問題10 | 解答 ホ

解説

リスクアセスメントで大事なことは，リスクの高いものに対して優先的に対策を実施することであり，マニュアルの整備や教育の実施が最優先ではありません。

演習問題〈実技試験編〉

問題1　次の図は，労働安全衛生マネジメントシステムの概要をフローチャートに表したものです。（　①　）～（　⑩　）に当てはまる語句として適切なものを，語群から選んで記号で答えよ。

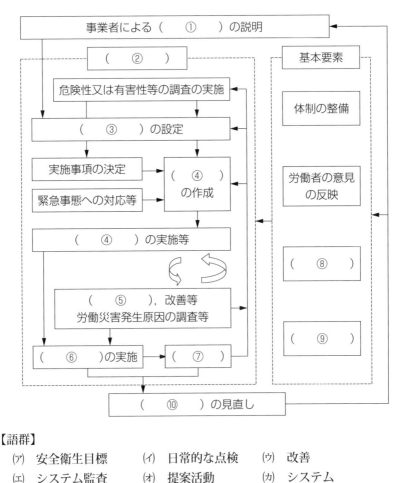

【語群】
- (ア)　安全衛生目標
- (イ)　日常的な点検
- (ウ)　改善
- (エ)　システム監査
- (オ)　提案活動
- (カ)　システム
- (キ)　PDCA サイクル
- (ク)　記録
- (ケ)　安全衛生計画
- (コ)　明文化
- (サ)　安全衛生方針
- (シ)　重要課題

問題 2 次の記述は，労働安全衛生法で規定されている内容です。
　　　　（　①　）～（　⑩　）内に当てはまる数値として，適切なもの
　　　　を数値群から選んで記号で答えよ。
　　　　同じ記号を複数回選んでも良い。

１．製造業で，（　①　）以上の事業場では，総括安全衛生管理者を選任
　しなければならない。

２．常時（　②　）以上の労働者を使用する事業場では，安全管理者を選
　任しなければならない。

３．常時（　③　）以上（　④　）以下では1人，（　⑤　）以上（　⑥　）
　以下では2人，……などの衛生管理者を選任しなければならない。

４．常時（　⑦　）以上の労働者を使用する事業場では，産業医を選任し
　なければならない。

５．常時（　⑧　）以上（　⑨　）未満の事業場では，安全衛生推進者を
　（安全管理者を選任すべき業種以外では衛生推進者）選任しなければな
　らない。

６．常時（　⑩　）以上の事業場では，毎月1回，衛生委員会を開催しな
　ければならない。

【語群】
　(ア)　10人　　　(イ)　50人　　　(ウ)　100人　　　(エ)　200人　　　(オ)　201人
　(カ)　300人　　　(キ)　500人　　　(ク)　1000人

解答と解説 〈実技試験編〉

＜問題1＞ 解答　①サ（安全衛生方針）　②キ（PDCA サイクル）
　　　　　　　　③ア（安全衛生目標）　④ケ（安全衛生計画）
　　　　　　　　⑤イ（日常的な点検）　⑥エ（システム監査）
　　　　　　　　⑦ウ（改善）　⑧コ（明文化）　⑨ク（記録）
　　　　　　　　⑩カ（システム）

解説

　これらの労働安全衛生マネジメントシステムは，常に監査や見直しを行いながら，連続的・継続的に実施されるようになっており，結果として，災害発生率低減に大きな効果を発揮しています。

＜問題2＞ 解答　①　カ（300人）　②　イ（50人）　③イ（50人）
　　　　　　　　④　エ（200人）　⑤　オ（201人）　⑥キ（500人）
　　　　　　　　⑦　イ（50人）　⑧　ア（10人）　⑨イ（50人）
　　　　　　　　⑩　イ（50人）

解説

　1．の総括安全衛生管理者の場合，製造業・電気業・ガス業などは300人以上が対象となるが，林業・鉱業・建設業・運送業・清掃業では100人以上が選任の対象となるので，注意が必要です。

第 6 章
作業指導

第1節 作業指導の基本

　戦後，日本経済は高度成長を成し遂げ，現在も発展し続けています。その原動力は，高い資質を備えた人材です。限られた人材を効率よく育成するために，監督者の役割が大きく求められています。

　一方でグローバル化に伴い日本の現場では，従来の単純な作業は減少し，より高度な技能（最新の機械を使いこなす技能）が必要となってきています。

　したがって現代の作業指導においては，通常通りのラインを維持するための技能者と，より高度な技能を継承する技能者の両方を想定して，作業指導を進めていく必要があります。

第2節 教育訓練計画の立て方

　職場内での計画的な教育訓練を行うためには，「教育訓練の必要項目」を把握した上で，それに合わせた「目標の設定」をして，それらに沿った「計画の立案」をし，「実施方法の選択」をすることが必要です。

1 教育訓練の必要項目

　教育訓練のニーズを明確にするために，次の4点を明確にします。
　①職場での問題の中身（果たすべき役割と対象者の能力との差）
　②対象者の現在の能力
　③教育訓練修了時に求められる能力
　④教育訓練の必要量（対象者は何名か，問題解決すべき期間は）

2 教育訓練目標の設定

　訓練対象者の状況に応じて，目標を設定します。

＜作業をなかなか覚えてくれない者の多い職場の責任者に対して＞
　①学習しやすいように，作業を分解することができる。
　②作業分解をもとに，わかりやすい作業手順書を作成できる。
＜4Sのルールはあるが守られていない職場の責任者に対して＞
　①職場のルールを具体的に指示することができる。
　②職場の4Sの決まりをグループメンバーに守らせることができる。

3 教育訓練計画の作成

　次に，各企業の人材育成方針に基づいて，また長期的視点に立って，計画的に取り組むことが大切です。職業能力開発促進法により，教育訓練計画の作成は努力義務となっています。

作業指導

第3節 教育訓練の方法

　教育訓練とは職業教育と職業訓練の合成語であり，人材育成法の1つとなっています。職場にはさまざまな問題があり，教育訓練によって問題解決を図ります。

■1 教育訓練の実施方法

⑴教育訓練の目標

　企業における教育とは，顧客や社会のニーズを満たす製品・サービスを提供する上で，各職場で必要な知識や技能を身に付けさせる人材育成活動です。

　教育訓練の効果は，教育訓練に対するニーズに応えることが出来たか，つまり，職場の問題を解決することが出来たかが評価の基準となります。

⑵教育訓練の3本柱

①OJT

　　上司や先輩が仕事をしながら職務遂行に必要な能力を指導する方法です。日本企業における人材育成の最大の特徴と言われています。

②Off-JT

　　一定期間，職場から離れて行う教育訓練です。企業内で行う場合や外部のセミナーを受講する場合があります。

③自己啓発（SD）

　　労働者自らがその必要に応じて，自発的に勉強・学習するものです。時間外に通信教育を受けたり，学習会やセミナーに参加する場合などがあります。

■ OJT・OFF-JT・自己啓発の長所と短所

	OJT	OFF-JT	自己啓発
長　所	・職場の課題解決に対応しやすい ・職場の機械・工具を使用できる ・マンツーマン訓練に適している	・計画的に学べる ・理論的な学習に適している ・外部研修を利用できる	・各個人の興味に直結している ・各個人の自由なペースで学べる
短　所	・計画的に学ぶことが難しい ・体系的に学ぶことが難しい ・理論的でない場合がある	・職場の課題に直結しにくい ・理想的な場面での研修となる ・集団訓練が中心となる	・課題解決に適した講座を見つけにくい ・学習の継続が困難な場合がある

(3)その他の訓練方法

①ジョブローテーション

　　短期間にさまざまな業務を経験させることにより，幅広い技能の形成を図る教育訓練です。OJTによる教育の1つです。

②グループ討議

　　グループの参加者が，特定のテーマについて意見を出し合いながら討議を進めます。発言力や意見聴取力，態度形成などが図られます。

③講義法

　　講師が口頭で説明し，参加者は要点をメモしながら学習する形態です。知識の体系的な学習に適しているが，一方通行で受身になり易い。

作業指導

② 指導内容と指導方法

　職場には様々な問題や課題があります。教育訓練は，それらを解決できる人材を育てるために行います。教育訓練における指導内容と指導方法を大別すると，次のようになります。

(1)知識の指導

・通常は，講義や演習を通して習得します。
・常に現実の職務との関係を示す演習を取り入れる必要があります。

(2)技能の指導

・頭の中に理論や手法を持っているだけでなく，実際に使いこなす能力を養います。
・言葉に表しにくいため，繰り返し実習し，体得することが求められます。

(3)態度の指導

・態度とは，職務を合理的に発展的に遂行しようという心持ちのことです。
・講義を受けたり，セミナー受講するだけで習得できるものではなく，次のようなプロセスが必要となります。

必要性の理解	その態度がなぜ必要かを説明して理解させる
⇩	
方法の確認	望ましい態度を発揮する具体的な方法を確認させる
⇩	
習慣化	その態度を習慣化し定着させる

第4節 TWI 監督者訓練

　TWI は，工場・事業場における監督者のための定型訓練方式です。この訓練方式は，アメリカで軍需産業における監督者訓練に活用し，監督者の能力向上に大きな成果を上げたものです。

1 TWI-JI（仕事の教え方）… job instruction

　教え方の基本は，①作業を分解し，②教えるべき内容を明確にし，③それを説明し，④やってみせ，⑤やらせてみせて，⑥教えたあとを見る，という方法です。

　「仕事の教え方」の4段階は，次の通りです。

(1) 第1段階　習う準備をさせる
　　　　　①気楽にさせる
　　　　　②何の作業をするかを話す
　　　　　③その作業について知っている程度を確かめる
　　　　　④作業を覚えたい気持ちにさせる
　　　　　⑤正しい位置につかせる

(2) 第2段階　作業を説明する
　　　　　①主なステップを一つずつ言って聞かせ，やって見せ，書いて見せる
　　　　　②急所を強調する
　　　　　③はっきりと，ぬかりなく，根気よく
　　　　　④理解する能力以上にしない

(3) 第3段階　やらせてみる
　　　　　①やらせてみて－間違いを直す
　　　　　②やらせながら，作業を説明させる
　　　　　③もう一度やらせながら，急所を言わせる
　　　　　④わかったとわかるまで確かめる

作業指導

(4) 第4段階　教えたあとをみる
　　　　　①仕事につかせる
　　　　　②わからぬときに聞く人を決めておく
　　　　　③たびたび調べる
　　　　　④質問するようにしむける
　　　　　⑤だんだん指導を減らしていく

※　訓練指導を進める順序
　　　　　①作業手順と急所の基本を，やって見せ，やらせてみて正しくできるまで教える。
　　　　　②基本の不完全なところを修正し，正確にやれるように指導する。
　　　　　③作業のやり方をより良くやる方法を考えさせ，不明な点だけを指導する。
　　　　　④目標を示し，自主的に判断させ，任せるようにして取り組ませる。

❷ TWI-JM（改善の仕方）… job method

　JM は，作業改善のムダ・ムラ・ムリを排除して，生産性の向上に寄与することを手順化して説明するのが基本です。大がかりな設備の改善や配置の変更を目指すものではありません。「改善の仕方」の4段階は，次の通りです。

(1) 第1段階　作業を分解する
　　　　　現場の作業員の理解と協力が不可欠であるから，関係者に目的をよく説明して，協力が得られるようにする必要があります。

(2) 第2段階　細目ごとに自問する
　　　　　5W1H（①なぜ　②何を　③どこで　④いつ　⑤誰が　⑥どんな方法で）を行います。

(3) 第3段階　新方法に展開する
　　　　　①不要な細目を取り去る
　　　　　②できるなら細目を結合する
　　　　　③細目をよい順序に組み替える
　　　　　④必要な細目を簡単にする

(4) 第4段階　新方法を実施する
　　　　　上司や部下の納得を得て，安全性やコスト面での承認を得た上で，改善案を実行に移します。

3 TWI-JR（人の扱い方）… job relations

　JR とは，人と人の関係を円滑にし，部下に協力してもらうための技能です。監督者がこの技能を毎日使うことにより，部下との関係が円滑になり，職場での問題発生を未然予防したり，たとえ問題が起こってもうまく処理できるようになります。

　職場の問題の扱い方としては，次の 4 ステップがあります。

(1) 第 1 段階　事実をつかむ
　　　　　　　今までのことのいきさつを良く調べる。

(2) 第 2 段階　よく考えて決める
　　　　　　　事実を整理して相互関係を良く考えて，早合点せずに決める。

(3) 第 3 段階　処置をとる
　　　　　　　自分でやるべきか，誰かの手伝いが要るか，などを責任転嫁せずに実行する。

(4) 第 4 段階　あとを確かめる
　　　　　　　処置は効果的であったか，目的を達成したかを確かめる。

※　基本心得　人との関係を良くするための心得です
　　　　　　　①仕事ぶりが良いかどうか当人に言ってやる
　　　　　　　②良いときはほめる
　　　　　　　③当人に影響ある変更は前もって知らせる
　　　　　　　④当人の力をいっぱいに生かす

　　　　　　　※同時に次のことに注意を払う必要があります。
　　　　　　　　①部下は個人として扱わなければならない
　　　　　　　　②監督者は，部下を通じて成果を上げる

　　監督者が何か処置を取らなければならない問題に遭遇したとき，情報収集・対策案の比較検討・処置・フォローアップという手順で，その解決に当たることが大切です。

作業指導

演習問題〈学科試験編〉

問題1 職場における教育訓練計画の作成に関する内容で，適切でないものはどれですか。

イ．計画立案前に，教育訓練の必要項目を把握しておく必要がある。

ロ．計画は，長期的視点に基づいて計画的に取り組むことが大切です。

ハ．職業能力開発促進法により，教育訓練計画の作成は努力義務です。

ニ．教育計画は，各個人が自らの意思で，作成されなければなりません。

ホ．訓練計画は，各職場の要求に基づいて，協力して作成されなければなりません。

問題2 教育訓練の方法に関する内容で，適切でないものはどれですか。

イ．OJT は，業務に密着した仕事の進め方の指導に適している。

ロ．Off-JT は，同一の内容を多数の受講者に指導するのに適している。

ハ．OJT は，Off-JT に比べて計画的な取り組みに適している。

ニ．自己啓発は，各個人自らが自主的に勉強し学ぶものです。

ホ．ジョブローテーションは，幅広い技能の形成に適している。

問題3 TWI-JI（仕事の教え方）の訓練指導の順序として，正しいものはどれですか。

①作業内容を説明する

②作業をやらせた結果をみる

③習う準備をさせる

④作業を自主勉強させる

⑤実際に作業をやらせてみる

イ．③ → ① → ⑤ → ②

ロ．③ → ① → ④ → ⑤

ハ．③ → ④ → ⑤ → ②

ニ．④ → ① → ⑤ → ②

ホ．④ → ⑤ → ② → ④

問題4　TWI-JI（仕事の教え方）の第1段階「習う準備をさせる」に
　　　関する内容として，誤っているものはどれですか
　　イ．何の作業をするのかを説明する
　　ロ．対象作業について，知っている程度を確かめる
　　ハ．以前の作業経験者には，作業内容の説明を省略する。
　　ニ．作業を覚えたい気持ちにさせる
　　ホ．作業の正しい位置につかせる

問題5　TWI-JM（改善の仕方）に関する手順として，正しい順序は
　　　どれですか
　　　①新方法を実施する　　　　　④細目ごとに自問する
　　　②作業を分解する　　　　　　⑤新方法に展開する
　　　③何の作業かを話す
　　イ．③　→　②　→　⑤　→　①
　　ロ．②　→　④　→　⑤　→　①
　　ハ．②　→　⑤　→　④　→　①
　　ニ．②　→　⑤　→　①　→　④
　　ホ．③　→　④　→　⑤　→　①

問題6　TWI-JM（改善の仕方）に関する内容として，誤っているも
　　　のはどれですか
　　イ．TWI-JM（改善の仕方）は，設備自動化など大きな投資が中心となる。
　　ロ．TWI-JM（改善の仕方）を実施するにあたって，関係者に目的をよく
　　　　説明して，協力を得られるようにしなければなりません。
　　ハ．「第2段階－細目ごとに自問する」とは，5W1Hを実施することで
　　　　ある。
　　ニ．「第3段階－新方法に展開する」とは，不要なものを取り去る・細目
　　　　を結合する・よい順序に組み替える・細目を簡単にする，を実施するこ
　　　　とである。
　　ホ．「第4段階－新方法を実施する」とは，上司や部下の納得を得て，安
　　　　全性やコスト面での承認を得た上で，改善案を実行することである。

問題7　TWI-JR（人の扱い方）において，人との関係を良くするための「基本心得」があるが，その中にない項目はどれですか

イ．当人の力をいっぱいに生かす

ロ．仕事ぶりが良いかどうか当人に言ってやる

ハ．当人の欠点のみを常に指摘する

ニ．当人に影響ある変更は前もって知らせる

ホ．良いときはほめる

問題8　TWI-JR（人の扱い方）の問題解決のプロセスの1項目として，誤っているものはどれですか。

イ．事実をよくつかむ（いきさつ全部をよくつかめ）

ロ．よく考えて決める（早合点するな）

ハ．処置をとる（責任を転嫁するな）

ニ．実施後を確かめる（目的を達成したか）

ホ．対策案は，しきたりや方針にとらわれなくてもよい

問題9　教育訓練の実施に関する記述において，誤っているものはどれですか。

イ．監督者は，教育訓練の必要項目を把握した上で，教育計画に反映されるように努力しなければならない。

ロ．教育訓練のニーズを把握するために，職場の問題点の明確化や教育対象者の能力の把握などが必要となる。

ハ．訓練目標の設定に向けては，できるだけ多くの人に一律の目標設定が望ましい。

ニ．事業主は，必要に応じて，実習を併用した職業訓練を従業員に受けさせることができる。

ホ．事業主は，人材育成方針を立て，できるだけ長期的な視点に立った教育を実施することが大切です。

問10　企業内の教育訓練計画の作成に関する記述の中で，適切でない
　　　ものはどれですか。
　イ．教育訓練計画は，職場のニーズに応じて管理・監督者と協力して，進
　　　めなければならない。
　ロ．教育訓練計画を立てる前に，職場に求められる業務遂行能力を定めて
　　　おく必要がある。
　ハ．職業能力開発促進法により，教育訓練計画の作成は努力義務となって
　　　いる。
　ニ．教育訓練の目標は，職場の状況や対象者の能力に応じて設定される。
　ホ．教育訓練計画は，すべての従業員が，自らの意思で作成されなければ
　　　ならない。

解答と解説〈学科試験編〉

問題1　解答　ニ
解説

教育計画の目的は，職場の課題を解決することであり，長期的視点での計画性が必要です。個人の自主的な意思で作成されるものではありません。

問題2　解答　ハ
解説

OJT は実際の職場で実施するため，職場の事情の影響を受けて，Off-JT に比べると計画通りにいかないことが多い。

問題3　解答　イ
解説

「仕事の教え方」の手順は，次の通りです。
　①習う準備をさせる　　②作業を説明する　　③やらせてみる　　④教えたあとをみる

問題4　解答　ハ
解説

以前の作業経験者であっても，現在の作業内容をどこまで理解しているかは不明であり，作業内容の説明は必要です。

問題5　解答　ロ
解説

「改善の仕方」の手順は，次の通りです。
　1．作業を分解する　　2．細目ごとに自問する　　3．新方法に展開する
　　4．新方法を実施する

問題6 | 解答 イ

解説

TWI-JM（改善の仕方）は，作業の改善が中心であり，基本として，大きな投資は対象としません。

問題7 | 解答 ハ

解説

TWI-JR（人の扱い方）の「基本心得」は，やる気を引き出す内容であり，「欠点のみを指摘する」は含まれません。

問題8 | 解答 ホ

解説

TWI-JR（人の扱い方）による問題解決は，所属している職場内での解決を目指しており，「しきたりや方針」に沿って実施する必要があります。

問題9 | 解答 ハ

解説

教育訓練の目的は，職場の問題点を解決することであり，各対象者の能力に見合った訓練目標の設定とすることが望ましい。

問題10 | 解答 ホ

解説

教育訓練計画の作成は，事業主または事業主の指示に基づいて行わなければなりません。

演習問題〈実技試験編〉

問題 1 次の記述は，TWI-JI（仕事の教え方）に関するものである。事例に基づいて，各設問に答えなさい。ただし，記号を重複しての使用はなりません。

　ある職場において，休暇中の監督者に代わって監督代行者が，新人の2人に「今日はこの作業をやってもらう」と言って，当日の作業内容を説明した後に，それぞれの仕事に就かせた。その後，代行者が終業時間前になって状況を確認に来たところ，2人の完成数は下表の通りであった。

　完成数が少ないので，2人には残業をしてもらい，やっと予定の完成数が確保できた。

　次の日に職場に復帰した監督者は，代行者にTWIの再訓練を考え，今回の経過から次のような事実を確認した。

【完成数】

	作業者 A	作業者 B	（当初の予定数）
午前	120	100	（200×2）
午後	220	210	（300×2）
合計	340	310	（500×2）

【調査で分かった事実】

記号	分かった事実
ア	Aは，代行者の説明が速くて，充分に理解できなかった。
イ	Bは，代行者の模範作業が，柱の影で良く見えなかった。
ウ	説明の後で，実際に作業をする指導は，2人とも受けなかった。
エ	作業の説明後に「質問は？」と聞かれたが，急いでいるようだったので質問をしなかった。
オ	仕事についたとき，特には，目標完成数の説明はなかった。

212

【教え方の4段階】

第1段階 習う準備をさせる	①気楽にさせる ②何の作業をするかを話す ③その作業について知っている程度を確かめる ④作業を覚えたい気持ちにさせる ⑤正しい位置につかせる
第2段階 作業を説明する	⑥主なステップを一つずつ言って聞かせ,やって見せ,書いて見せる ⑦急所を強調する ⑧はっきりと,ぬかりなく,根気よく ⑨理解する能力以上にしない
第3段階 やらせてみる	⑩やらせてみて－間違いを直す ⑪やらせながら,作業を説明させる ⑫もう一度やらせながら,急所を言わせる ⑬わかったとわかるまで確かめる
第4段階 教えたあとをみる	⑭仕事につかせる ⑮わからぬときに聞く人を決めておく ⑯たびたび調べる ⑰質問するようにしむける ⑱だんだん指導を減らしていく

設問1．調査で判明した事実（ア，イ，ウ，エ，オ）それぞれについて，監督者が指導するとき，「教え方の4段階」のどの細目が最も近いかを，細目の番号（①〜⑱）で答えて下さい。

設問2．今後，代行者の「仕事の教え方」として，間違っている文章は，次の中のどれですか。

　　　イ．仕事を教えるときに大切なことは，どこが急所であるかを理解させることです。

　　　ロ．作業の説明後に，実際にやらせてみて間違いを直す。

　　　ハ．作業は，分かったと理解するまで繰り返して確かめる。

　　　ニ．教えた後は，質問し易い雰囲気を作って質問させる。

　　　ホ．初めての作業者には，仕事の目標値は言わない。

問題 2　次の記述は，TWI-JM（改善の仕方）に関するものである。事例に基づいて，各設問に答えなさい。

　ある職場で，A 工程から B 工程への部品の運搬作業の見直しを行うことになりました。運搬作業は，A 工程で加工された加工部品 c と外注メーカーからの外注部品 d を，作業台 E の上で 1 つの箱に入れて，B 工程前まで運搬して戻ってきます。この作業を繰り返します。

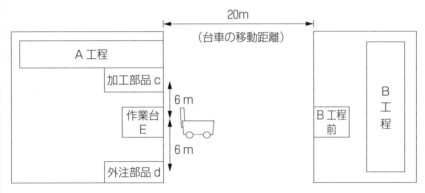

【条件】
1．作業者及び台車は，作業台 E からスタートする。
2．作業者は，作業台 E で加工部品 c と外注部品 d の部品を各 1 個づつ台車に載せて運搬する。
3．B 工程では，加工部品 c に外注部品 d を組み付ける作業を行う。

設問 1　この作業者が，1 回の作業で台車を押して移動する距離は，合計で何 m ですか。

設問 2　監督者は，運搬作業をもっと楽にできないかと考え，次の案を思いつきました。最も効果的な改善案はどれですか。

　　イ．外注部品 d の置場を部品 c の隣に配置する。
　　ロ．外注部品 d の置場を作業台 E の隣に配置する。
　　ハ．外注部品 d の置場を B 工程前の隣に配置する。
　　ニ．作業台 E を廃止して，加工部品 c と外注部品 d を各々直接 B 工程前まで運ぶ。

解答と解説〈実技試験編〉

<問題1>

設問1. | 解答 | ア ⑨　　イ ⑤　　　ウ ⑩（⑪，⑫，⑬でも可）
| | エ ⑰　　オ ⑭

解説

「分かった事実」をイメージしながら，「教え方の4段階」の細目の中から適切な指導項目を選択します。

設問2. | 解答　ホ

解説

初めての作業者であっても，対象作業の当日の予定（目標）生産量などは伝える必要があります。

<問題2>

設問1. | 解答　64m

解説

1回の運搬作業での移動距離は，（6×2）＋（6×2）＋（20×2）＝64mとなる。

設問2. | 解答　ハ

解説

運搬時の移動距離を考えると，案ハが最も短くなる。

（6×2）＋（20×2）＝52m

更には，案ハでは，外注部品dを箱に入れて運搬する作業が無くなる。

作業指導

第 7 章
設備管理

第1節 設備管理の基本

　生産活動においては，より良い設備が必要な時期に設置され，決められた期間内は最大限の機能・性能を維持することが求められます。したがって，これらの設備を有効に使いこなすための技能・管理ノウハウ，すなわち設備管理が重要になってきています。

　※1．設備管理とは：設備の計画から運転・保全までの，総合的な管理を指します。

　※2．設備とは：長期間使用する固定資産であり，広い範囲を含みます。

⑴設備管理の領域

　設備管理には，生産性や経済性の向上を目標とした管理活動，つまり設備の経済的側面と，優れた設備の選定や設計，製作や設置，さらにその性能を適正な状態で維持していく技術的側面とがあります。

⑵設備管理の機能

　設備の管理は，設備の準備過程と保全過程の2通りがあります。それぞれに技術的側面と経済的側面とがあります。

第2節 設備管理の目的

　設備管理の目的は，種々の設備を有効に活用し，企業の生産性や安全性を高めることです。

1 設備生産性

設備の生産性は，下記式で表されます。

$$設備生産性 = \frac{製品の生産量}{設備量（台数）}$$

2 投資効率

設備を有効活用するには，投資効率を高める必要があります。

$$投資効率 = \frac{収益}{投資額}$$

3 保全効率

また生産時には，保全効率を高めることが大切です。

$$保全効率 = \frac{製品の生産量}{保全費}$$

4 生産保全活動

　設備の保全においては，故障が起きてから修理するという事後保全から，突発事故を未然に防ぐとする予防保全の重要性が増してきています。さらには，設備効率を最大にすることを目標に，設備の生涯を対象とした全員参加による生産保全（TPM活動）が求められています。

設備管理

第3節 設備の総合効率

　設備がどの程度稼動しているかを見るためには，どこにどんなロスが有るかを分析する必要があります。

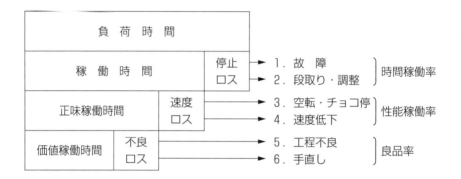

(1)負荷時間

　負荷時間とは，1日を通じて設備が稼働しなくてはならない時間です。すなわち，操業可能な時間から計画上の休止時間（朝礼や清掃など）を差し引いた時間です。

(2)稼働時間

　稼働時間とは，負荷時間から停止ロス（故障や段取りなど）を差し引いた時間です。

(3)正味稼働時間

　正味稼働時間とは，稼働時間から速度ロス（チョコ停や速度低下など）を差し引いた時間です。

(4)価値稼働時間

　価値稼働時間とは，正味稼働時間から不良ロス（工程不良や手直しなど）を差し引いた時間です。

1 時間稼働率

停止ロスの度合いを見るのに，時間稼働率が用いられます。

$$時間稼働率 = \frac{稼働時間}{負荷時間} = \frac{(負荷時間-停止時間)}{負荷時間}$$

2 性能稼働率

また速度ロスの度合いを見るのに，性能稼働率が用いられます。

$$性能稼働率 = \frac{正味稼働時間}{稼動時間} = \frac{理論サイクルタイム×投入数量}{稼働時間}$$

3 良品率

そして更には，不良ロスの度合いを見るのに，良品率が用いられます。

$$良品率 \frac{良品数量}{投入数量} = \frac{投入数量-不良数量}{投入数量}$$

4 設備総合効率

これらより，設備の総合効率は次式が表されるようになります。

$$設備総合効率 = 時間稼働率 × 性能稼働率 × 良品率$$

設備管理

第4節 保全の分類

保全（メンテナンス）とは，「アイテムを使用及び運用可能状態に維持し，又は故障，欠点などを回復するためのすべての処置及び活動」のことです。管理上の分類と活動上の分類は，以下のようになります。

1 保全の管理上の分類

日本工業規格（JIS）Z8115（ディペンダビリティ（信頼性）用語）で示されている保全の管理上の分類は，次のようになります。

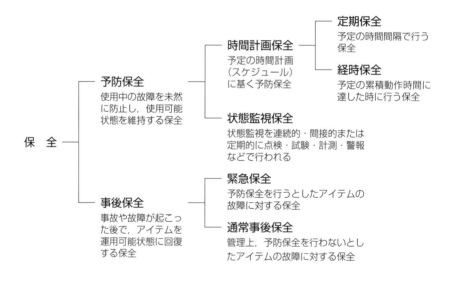

※最適保全

生産保全は，一般的には日常点検や定期点検などの事前に手入れを行う予防保全の考え方が基本です。そして最近では，「良いものをより安く生産するための最も経済的な設備保全（最適保全）」へと発展してきています。

この最適保全とは，次ページに示すように，設備故障による損失と保全にかかる費用の合計が最小になることを狙った考え方です。

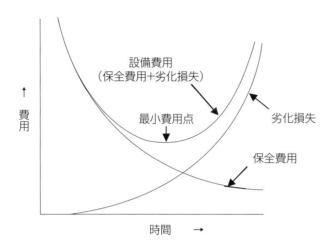

2 保全の活動上の分類

　生産を保全する，すなわち生産が滞らないようにするためには，次のような保全活動が必要になります。　設備の生涯を対象とし，設備の計画，使用，保全，廃却までの全部門が対象となります。

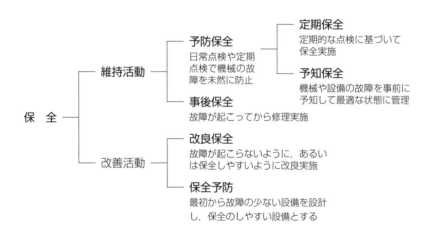

設備管理

223

※故障率カーブ

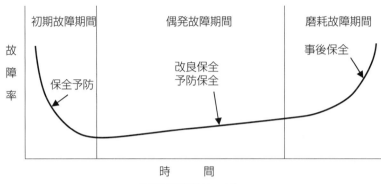

設備の故障率カーブ

- **初期故障**：使用後の早い時期に，設計・製作・組立上の欠陥や使用環境との不適合により発生する故障
- **偶発故障**：不良品が初期故障で除外された後，ごく稀にしか発生しない故障
- **摩耗故障**：構成部品の疲労・摩耗・老化により，時間経過とともに大きくなる故障

故障と信頼性

故障とは，規定の機能を失うことをいいます。大型機械では，多くの部品が有り，構成部品により多少の違いがあるが，装置全体としては，典型的な故障率カーブをたどります。

1 故障率の計算式

①平均故障率 $= \dfrac{\text{期間中の総故障数}}{\text{期間中の総動作時間}}$

※単位時間当たりに故障を起こす割合

②平均故障寿命 $= \dfrac{\text{総動作時間}}{\text{総故障数}}$
　(MTTF)

※修理しないシステムで，使用開始から故障するまでの平均時間

③平均故障間隔 $= \dfrac{\text{総動作時間}}{\text{総故障数}}$
　(MTBF)

※修理するシステムで，故障から次の故障までの平均的な間隔

④平均修復時間 $= \dfrac{\text{総修理時間}}{\text{修理件数}}$
　(MTTR)

※修理するシステムで，修理1回当りの平均修理時間

2 災害防止と生産機能低下防止

(1)リスクアセスメント

作業設備の計画・設計の段階から，リスク（傷害の受ける確率と受ける傷害の大きさ）を低減するために，要因を特定しそのリスクを見積り，評価することを「リスクアセスメント」と言います。

設備管理

225

⑵フェールセーフ化

設備の一部に故障が生じても，それが全体に故障や事故に波及することなく，安全が保たれるようになっていることを「フェールセーフ化」と言います。

⑶フールプルーフ化

作業者が間違って設備を操作しても，設備側でそれを補って安全が保たれるようになっていることを「フールプルーフ化」と言います。

⑷フェールソフト化

故障が発生したとき，機能は多少低下しても停止しないようにすることを「フェールソフト化」と言います。

⑸ディレーティング化

定格値よりも低い値で使用し，設備の余裕度を大きくすることを「ディレーティング化」と言います。

第6節 設備の点検方法

◼ 1 設備点検の前に

①重点設備の選択

　　重点設備は，故障時の「生産への影響」・「品質への影響」・「修理の対応」・「設備の購入価格」の4項目を評価して決定します。

②保全箇所の決定

　　更に収益性の面から，重点的に保全する箇所を決め，同時に点検項目と修理限界を示す特性値を決定します。

◼ 2 設備の点検作業

　設備の点検作業には，日常点検と定期点検とがあります。

⑴日常点検

　設備の運転中に，比較的短時間の劣化を外観によりチェックします。主に製造部門で実施します。点検表には，点検箇所・点検項目・点検方法・判断基準などを盛り込みます。

 　　1）設備起動後，圧力計の指針が設定圧力を指しているか

　　2）設備運転中に，油圧ポンプ・電動機・バルブ・配管などに異常振動が発生していないか

　　3）停止（終業）時，外部油漏れや汚れの付着が無いか

　　4）停止（終業）時，圧力計の指針が「0点」を指しているか

⑵定期点検

　設備の停止中に，分解開放などを行い，設備の異常劣化を定量データで評価します。主に保安部門が実施します。またデータは，予防保全データとして活用します。

3 定期点検の方法

⑴摩耗の評価

①摩擦面の損傷の有無，摩耗の進行状況，寸法変化などより評価

②熱電対などにより，表面または内部温度の測定による評価

③摩耗粉量の測定による評価，潤滑油の定期採取による評価

⑵潤滑油の管理

動粘度，酸化，水分，色相などを調べ，必要に応じて浄化作業・交換などを行います。

測定機器

設備管理時に使用される測定具・測定機器には,次のようなものがあります。

1 ひずみ測定

(1)ひずみゲージ

ひずみゲージとは,機械的な寸法の微小な変化(ひずみ)を電気信号として検出するセンサのことです。金属抵抗体が伸縮することによって電気抵抗が変化することを利用する方法です。

(2)X 線応力測定法

X 線応力測定法は,X 線による結晶の回折現象をもとに,材料の表層部の応力を測定する方法です。

(3)モアレ法

モアレ法は,被測定物表面に細い格子線を描き,その変形により生じるモアレ縞から変位を測定する手法です。
(表面に格子を作成することが必要で,縞の処理がやや複雑)

(4)ホログラフィー干渉法

ホログラフィー干渉法は,光の干渉,回折により生じる縞から,主に面外変位を測定する手法です。

2 温度測定

(1)抵抗温度計

金属の電気抵抗が温度に比例して増加する原理を利用します。

(2)熱電対温度計

2つの異種金属線の接合点に発生する熱起電力を利用して測定します。

設備管理

229

(3)光高温計

高温物体が発する光の強さと標準発光体の光の強さとを比較します。

(4)熱放射温度計

放射エネルギーを利用して，物体の温度を非接触で測定します。

(5)棒状温度計

温度変化による液体の熱膨張を利用して測定します。

(6)赤外線サーモグラフィ

物体から放射される赤外線量は，絶対温度の4乗に比例します。この赤外線量を測定することによって，物体温度が分かります。特長としては，広い範囲の表面温度を一度に測定できたり，温度変化の激しい電子部品などで短時間測定が可能，などがあります。

3 寸法測定

(1)マイクロメーター

ねじ送り量を基準にした測定機で，広く使われています。

(2)ダイヤルゲージ

測定子の付いたスピンドルが直線運動し，これを歯車によって回転角に拡大変換し，指針の振れによって表示します。

(3)電気マイクロメータ

変位を電気量に変換し，指示計器によって読み取る比較測定器です。

(4)空気マイクロメータ

空気を吹き出す測定ヘッドと被測定面のスキマに比例して空気流量や圧力が変化することを利用した比較測定器です。

(5)ノギス

本尺と副尺とによって長さを測る測定器です。

▌4▐ 振動測定

　設備がどの程度劣化しているかを調べる目的で，まず簡易診断を行い，その後に精密診断を行います。精密診断では，振動波形を FFT アナライザーで分析し，その周波数分布により劣化部位を特定します。

▌5▐ 騒音測定

　騒音計には，普通騒音計・精密騒音計などがあり，ハンディタイプのものやデジタル表示するものなどがあります。

▌6▐ 材料の化学成分分析

⑴発光分光分析装置

　試料と対電極の間で火花放電を行わせ，分光器で分光した各元素のスペクトル線の波長及び強度を測定します。

第8節 設備不良の原因とその兆候

　設備の不具合が発生すると，不具合の原因を特定し対策・処置を施す必要があります。特徴的な症状からおおよその目安を付けることはできます。以下，項目別に特徴的な症状について説明します。

1 潤滑油中の現象

(1)キャビテーション

　液体の流れの中で，圧力差により短時間に泡の発生と消滅が起きる物理現象です。空洞現象とも言われ，ポンプ内で発生すると異常音の原因となります。

(2)エロージョン

　流体の流速・乱流・キャビテーション等により，局部的な損傷を受けることです。

(3)エア抜き

　油圧系統の配管を外した場合，エア抜きが必要になります。油圧ユニットにはエア抜きバルブが設置されています。バルブをゆっくりと開け，アクチュエーターを作動させながら，白濁した油を抜きます。

(4)フィルターのメッシュ

　メッシュ数は，金網の目の細かさを表す指標で，１インチの長さにマス目が何個並んでいるかを表しています。

(5)リリーフ弁と圧力調整弁

　リリーフ弁は安全弁とも言いますが，容器の圧力が設定圧を超えると作動し，容器圧力がゼロ又はゼロ近く，または大きく降下するまで開きっ放しとなります。一方，圧力調整弁は，一次容器圧力が設定圧を超えると作動し，設定圧より下がると閉まります。すなわち一定圧力を維持するのです。

② 転がり軸受

(1)フレーキング

軌道面がうろこ状に剥がれる状態のことであり，疲労の発生などにより引き起こされます。

(2)かじり

すべり面などに微小焼付きを伴った損傷のことです。

(3)疲労摩耗

摩擦面の微小面積が繰り返し応力を受けるときに，疲労破壊が生じて発生します。

(4)ラジアル軸受とスラスト軸受

軸受にかかる荷重には，軸に直角に作用するラジアル荷重と，軸方向に作用するスラスト荷重（またはアキシャル荷重ともいう）とがあります。

(5)嵌め合い不良

転がり軸受の取付嵌め合い不良は，摩耗の原因となります。

(6)クリープ

軌道輪が運転中に軸またはハウジングに対して移動する現象です。この現象により，摩耗・変色・かじりなどの原因となります。

(7)フレッチング

停止中に，振動を受けたときに生じる摩耗現象であり，さび色の摩耗粉が生じます。しめ代不足などが原因です。

(8)ピーリング

軌道面にできる微小なはく離やき裂状態のことです。ピーリングからフレーキングに進行することがあります。

設備管理

233

3 軸受への給油方法

種　類	特　徴	用　途
(1)滴下給油	一定量の油を滴下	軽荷重・中荷重（中速以下）
(2)油浴給油	転動体の下部を油に浸して潤滑	たて形スラストころがり軸受
(3)リング給油	横軸にリングをかけて回転に伴い，油だめから給油	油浴給油の難しいすべり軸受
(4)強制給油	ギアポンプなどを利用して強制給油	高速回転用機械，重荷重用
(5)はねかけ給油	回転物の油だけでのはね返りを利用した給油	小荷重，小形・中形内燃機関
(6)噴霧給油	粘度の低い油を噴霧	超高速，小荷重の転がり軸受

4 回転体について

＜異常振動＞

・回転軸は，軸の固有振動数と回転周波数が一致すると，異常振動を起こすことがある。

・異常振動は，回転体のアンバランス量が大きいほど大きくなり，回転数が高いほど大きくなる。

5 その他

＜電機・電子機器＞

・定格電圧や定格電流を超過すると，コイルが過熱して断線しやすくなる。

・アルミ電解コンデンサは，逆電圧・過電圧等が加わるとコンデンサ内部でガスが発生し，変形し圧力弁が作動することがある。

・電磁継電器が振動する（うなる）場合は，コイルへの異常電圧が考えられる。

・プリント基板では，熱的なひずみによって絶縁基板のガラス繊維が樹脂から剥離することがある。

第9節 設備診断

設備診断は，設備の現状を把握（問題の個所・異常の内容・異常の程度及びその原因を調査）して，必要な対策を見い出す目的で行われます。一般に設備診断では，不具合現象を把握するために，電力・潤滑油・振動・騒音・温度・圧力などを調査します。

設備診断には下記の2通りがあり，両者を組み合わせて活用します。
①簡易診断（現場作業者による）…迅速に効率よく，傾向診断実施
②精密診断（専門職者による）　…詳細データ取得により修理要否の判断

1 非破壊検査

(1)磁気探傷試験（磁粉探傷器）
鋼鉄材料等の強磁性体を磁化することにより，きずにより生じた磁極による磁粉の付着を利用して微細なきずを磁粉により拡大し，容易に肉眼で確認出来るようにした検査方法です。

(2)浸透探傷試験
表面の開口した欠陥へ蛍光体を含んだ浸透液を浸み込ませ，紫外線の照射により発光させて調べる蛍光浸透試験などがあります。

(3)超音波探傷試験
被検物に探触子を接触させてパルスの超音波を送信。傷の無い場合は戻ってくるが，内部に傷が有るとそこで反射されるものです。

(4)放射線透過試験
X線，α線などの放射線を照射し，透過した放射線を写真フィルムに撮影したり，蛍光板に写して内部の欠陥を観察します。

設備管理

⑸アコースティックエミッション法（AE法）

　材料が変形あるいは破壊するときに，内部に蓄えていた弾性エネルギーを音波として放出します。このAE波を材料表面に設置したAEセンサ（圧電素子センサ）によって電気信号に変換して，材料の欠陥などを調べます。

2 振動測定

　設備振動を測定するセンサの原理として，下記のようなものがあります。
①加速度の検出器として，圧電型が用いられます。
②速度の検出器として，導電型が用いられます。
③変位の検出器として，渦電流型が用いられます。

3 歯車の損傷

　歯車に適切な潤滑と荷重が与えられ，設計・製作・取付が正しければ，初期摩耗でなじんだ後はゆっくりと摩耗が進行するだけで長寿命となります，しかし実際には条件が悪く，種々の損傷が発生します。

⑴破壊的摩耗

①アブレッシブ摩耗

　　ゴミや摩耗粉などが歯面にはさまり，すべり方向に平行な筋が付く損傷
②スコーリング

　　温度上昇などで油膜が切れ，金属面が溶着して引っかき傷が生じる損傷
③干渉

　　相手の歯先が歯元に強く当たり，ひどくえぐりとられる損傷
④腐食摩耗

　　潤滑油中の酸・水分・不純物などの化学作用による損傷
⑤剥離

　　歯の表面が疲れによりフレーク状（薄い片）になってはがれる損傷
⑥摩耗焼け

　　過大な荷重・速度・潤滑不良などにより異常摩耗が進行する損傷
⑦スカッフィング

　　摩擦による熱で表面が溶けて，摺動方向にスジ状のむしれが生じた損傷

(2)歯車の疲労

①初期ピッチング

繰り返し荷重によって，使用後まもなく歯元面に生じる損傷

②破壊性ピッチング

初期運転期間を過ぎて，歯面に不規則な凹みの生じる損傷

③スポーリング

重荷重で表面下が疲労し，かなりの大きさの金属片が欠け落ちる損傷

(3)その他

①バックラッシ

一対の歯車がスムーズに回転するにはバックラッシ（回転方向のスキマ）が必要ですが，摩耗などで大きくなると回転騒音の原因となります。

設備管理

第10節 設備と環境

設備の周辺の環境が設備に及ぼす影響について，以下のようなものがあります。

1 照明

(1)明るさの単位

- ・光源全体の明るさ　　　　　光束（ルーメン）
- ・光源から放射された明るさ　光度（カンデラ）
- ・光を受ける面の明るさ　　　照度（ルクス）

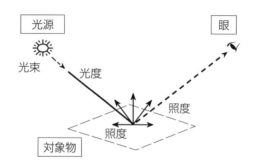

(2)作業場の明るさの基準

「JIS Z9110」では，工場での作業内容に応じた「推奨照度」を次のように定めています。

照度（lx）	場　所	作業内容
1500～3000	精密部品の製造工程，印刷工程	極めて細かな視作業
750～1500	精密部品の製造工程，印刷工程	細かな視作業
300～750	一般の製造工程	普通の視作業
150～300	電気室・空調機械室	粗な視作業
75～150	出入口・通路・倉庫	ごく粗な視作業

2 振動

　機械の振動を周囲に及ぼさないようにするために，ねずみ鋳鉄やゴム板を防振材料として使用します。

3 潤滑性

①潤滑油の温度が高くなると，潤滑性能が低下して異常摩耗が生じやすい
②機械の回転部分にじんあいが混入すると，アブレッシブ摩耗が生じやすい

4 電気絶縁

　湿度が高いと，気温の急変によって設備内に結露が生じ，絶縁不良の原因となります。

5 粉じん対策

　粉じんを著しく発散させる屋外作業においては，作業の開始時及び1年以内ごとに1回の定期測定を行い，原料・作業工程等を変更した場合にも測定する必要があります。

6 騒音

①騒音発生源対策として，給油・不釣合調整・部品交換などがある
②騒音対策として，防振ゴムや防振材の取り付け・消音ダクトなどがある
③伝ぱ経路対策としては，遮蔽物・防音壁・配置の変更などがある
④音の指向性を考慮した，音源の向きを変える対策などもある

7 一般設備と環境

①大気汚染物質のSO₂が発生すると，金属表面の光沢が減少する
②大気汚染物質のオキシダントが発生すると，ゴムのひび割れが生じる
③潤滑油に微細金属粉や硬い塵埃が浮遊すると，軸受を傷める
④光や熱が強く当たるところでは，シール材の劣化防止のため遮蔽する必要がある

設備管理

239

8 電気機械器具

①絶縁部分のトラッキング現象による絶縁破壊は，周囲の環境影響が大きい

②電気配線の許容電流は，周囲の温度影響を受ける

③電気機械器具の絶縁材は，機器からの発熱によっても絶縁低下する

④湿度の高い場所での電気機械器具は，防水型又は防湿型を使用する必要がある

9 熱処理設備

①設備制御盤内の電装機器の接点不良は，設置環境の塵埃や湿気が多いと生じる

②設備制御盤内の電装機器には，高周波焼入装置などから発生するノイズ対策が必要な場合がある

③動力制御盤内は，排熱のための換気ファンが必要な場合がある

10 環境基本法関連

①環境基本法は，環境の保全について基本理念を定め，並びに国，地方公共団体，事業者，及び国民の責務を明らかにしている

②環境基本法によれば，事業者は環境の保全に自ら努めるとともに，国又は地方公共団体が実施する環境の保全に関する施策に協力する責務を有する

③騒音規制法施行令による特定施設には，空気圧縮機及び送風機が含まれるが，原動機の定格出力が7.5kW以上のものに限るとしている

演習問題〈学科試験編〉

問題1　設備管理に関する内容で，適切でないものはどれですか
- イ．設備管理とは，設備を計画し，調達し保全し更新していくことである。
- ロ．設備管理とは，設備の故障をできるだけ早く，安い費用で直すことである。
- ハ．設備管理とは，廃却・再利用に至るまでの管理も含んでいる。
- ニ．設備管理は，予防保全を通じて生産保全を行うことが理想である。
- ホ．設備管理の目的は，設備を有効に活用し，生産性や安全性を高めることである。

問題2　設備管理に関する記述で，適切でないものはどれですか
- イ．初期故障とは，出荷前のならし運転で発生する故障のことである。
- ロ．偶発故障とは，初期故障期間を過ぎて希にしか発生しない故障である。
- ハ．故障率とは，ある一定期間中の動作時間に対する，故障する割合のことである。
- ニ．摩耗故障とは，疲労・摩耗・劣化などによって，時間経過とともに故障率が大きくなる故障である。
- ホ．摩耗故障期間は，予防保全効果の出やすい期間であり，定期点検によるチェックが効果を発揮する。

問題3　平均故障間隔（MTBF）を説明する式として，正しいものはどれですか
- イ．総修理時間 ÷ 故障数
- ロ．総動作時間 ÷ 総故障数
- ハ．総動作時間 ÷ 故障時間
- ニ．総修理時間 ÷ 修理件数
- ホ．故障時間 ÷ 総動作時間

設備管理

241

問題4　TPM（トータル・プロダクティブ・メンテナンス）の推進に
　　　　関する内容で，正しいものはどれですか

　イ．TPM活動は，設備の保全に関する関係部門だけで活動すればよい。

　ロ．TPM活動には，トップから第一線作業者までの全員参加は必要無い。

　ハ．設備は，故障することを前提として，余裕のあるシステムとすべきで
　　　ある。

　ニ．TPMは，設備の生涯を対象とした生産保全（PM）を確立することで
　　　ある。

　ホ．TPM活動では，小集団での自主活動は制限する必要がある。

問題5　設備効率に関する内容で，誤っているものはどれですか

　イ．時間稼働率とは，停止ロスの度合いを見るのに用いられる。

　ロ．性能稼働率とは，速度ロスの度合いを見るのに用いられる。

　ハ．良品率とは，不良ロスの度合いを見るのに用いられる。

　ニ．総合設備効率は，時間稼働率×性能稼働率×良品率で求められる。

　ホ．時間稼働率を求める式は，（負荷時間－停止時間）／停止時間である。

問題6　設備保全に関する内容で，誤っているものはどれですか

　イ．設備保全により，本来の機能を発揮して使用可能状態が維持できる。

　ロ．設備の損耗を防ぎ，性能を維持するために，清掃・給油・点検などを
　　　行う。

　ハ．経済性を重視した生産保全では，予防保全から事後保全に転換してい
　　　る。

　ニ．予防保全とは，故障を未然に防止し，使用可能状態を維持することで
　　　ある。

　ホ．事後保全とは，事故や故障が起こった後に運用可能状態に回復するこ
　　　とである。

問題7　生産設備による災害防止や故障等による機能低下に関する内容で，誤っているものはどれですか

　イ．フェールソフト機構とは，故障が発生したとき，機能は低下しても停止させない機構である。

　ロ．フールプルーフ機構とは，人間の操作によらない自動システムによる故障しない機構である。

　ハ．ディレーティング機構とは，定格値より低い値で使用するなど，安全余裕を大きくした機構である。

　ニ．フェールセーフ機構とは，故障が発生したとき，波及を片寄らせて，結果が安全側に生ずるようにした機構である。

　ホ．バックアップ機構とは，後方にバックアップシステムを待機させ，第一線が故障したとき，その機能を代行させる機構である。

問題8　設備点検に関する内容で，誤っているものはどれですか

　イ．日常点検は，設備の運転中に，日々実施されることが多い。

　ロ．日常点検は，一般に，保安部門でなく製造部門で実施されることが多い。

　ハ．点検作業の処置として，応急修理・本格修理・改造・設備更新などがある。

　ニ．定期点検は，保安部門が設備を稼動させたまま行う。

　ホ．定期点検のデータは，予防保全データとして活用する。

問題9　設備点検に関する記述で，誤っているものはどれですか

　イ．油圧系統のトラブルで，アクチュエータの配管を外した場合は，必ずエア抜きを行う必要がある。

　ロ．油圧機器の損傷部分に多数の細かい穴があいている時は，キャビテーションによる可能性がある。

　ハ．Ｖベルトによる伝動では，Ｖベルト車の溝にＶベルトが当たるのが望ましい。

　ニ．潤滑油の定期点検を行う場合は，動粘度・酸価・水分などの分析を行う。

　ホ．定期点検は，設備の停止中に，主に保安部門が実施する。

問題10　設備不良の原因及びその兆候に関する内容で，誤っているも
　　　　のはどれですか
　イ．油圧装置の油漏れの原因の1つに，シール部の締め付け不足がある。
　ロ．腐食とは，その環境において，化学的・電気化学的反応によって生じ
　　　る損傷である。
　ハ．すべり軸受の過熱対策としては，高速度回転の場合は高粘度油が良い。
　ニ．Vベルト異常でベルトが沈んでいるのは，溝の摩耗も原因の1つであ
　　　る。
　ホ．摩擦面に繰り返し応力が加わることにより生ずる摩擦を，疲労摩擦と
　　　いう。

問題11　設備不良の原因及びその兆候に関する内容で，誤っているも
　　　　のどれですか
　イ．亀裂発生に，疲労・クリープ・応力腐食割れなどは相互に関係する。
　ロ．油圧ポンプにおいては，電流計測によりポンプの異常を検知できる。
　ハ．異常振動の検知のため，振動計・速度計・加速度計などが用いられる。
　ニ．異常過熱の部位を特定するために，サーモグラフィを使用する。
　ホ．潤滑油では，劣化してくると色が濃くなり，粘度が低くなってくる。

問題12　設備不良の原因及びその兆候に関する内容で，誤っているも
　　　　のはどれですか
　イ．熱的ひずみにより，プリント基板中のガラス繊維が剥離することがあ
　　　る。
　ロ．故障率の推移を表すバスタブ曲線は，電気部品には適用されない。
　ハ．高速回転軸の摩耗による振れを検知するセンサとして，非接触式変位
　　　センサがある。
　ニ．電磁継電器の振動（うなり）は，コイル印加電圧の異常が考えられる。
　ホ．アルミニウム電解コンデンサは，逆電圧・過電圧により変形すること
　　　がある。

問題13　油圧ポンプの異常に関する内容で，誤っているものはどれですか

イ．ポンプ本体の振動は，取付ボルトの緩みや芯出し不良によって起こる。

ロ．ポンプ内部が異常摩耗すると，発熱し作動不良が生じ易い。

ハ．ポンプの騒音や振動が大きくなった原因として，吸入管またはストレーナの目詰まりが考えられる。

ニ．圧力計の針振れは，ポンプ効率の低下とは関係が無い。

ホ．ポンプの表面温度は，タンク油の温度に比べて一般的に＋5℃以内が望ましい。

問題14　歯車の損傷に関する内容で，適切でないものはどれですか

イ．スコーリングとは，温度上昇で油膜が切れ，金属面が溶着して傷が生じた現象である。

ロ．アブレッシブ摩耗とは，ゴミや摩耗粉が歯面にはさまり，すべり方向に筋が付いた損傷状態である。

ハ．ピッチングとは，相手の歯先が歯元に強く当り，大きくえぐり取られる現象である。

ニ．スカッフィングとは，過熱により油膜が切れて，歯面の接触部分が融着して引き剥がされる，激しい凝着磨耗である。

ホ．腐食摩耗は，潤滑油中の酸・水分・不純物などの化学作用によって生じる。

問題15　設備と環境に関する内容で，誤っているものはどれですか

イ．潤滑油に微細金属粉や硬い塵埃が浮遊すると，軸受を傷める原因となる。

ロ．環境温度が上昇すると，潤滑油の温度が高くなり，潤滑油が長寿命となる。

ハ．大気汚染物質であるSO_2が発生すると，金属表面の光沢が減少する。

ニ．湿気の多い環境下での汎用電動機の使用は，特に絶縁劣化をまねく危険がある。

ホ．潤滑系への水分などの混入は，さびや腐食の原因となる。

設備管理

245

問題1 解答 ロ

解説

　設備管理とは，設備の計画から運転・保全までの総合的な管理を指しており，単に故障を早く・安く直すことではありません。

問題2 解答 イ

解説

　初期故障とは，使用段階での初期に発生する故障のことである。

問題3 解答 ロ

解説

　平均故障間隔（MTBF）とは，総動作時間／総故障数　で表され，修理をしながら使用するシステムでの信頼性を表わす指標である。修理できないシステムは，平均故障寿命（MTTF）が用いられる。

問題4 解答 ニ

解説

　TPM活動は，設備の生涯を対象とした生産保全であり，活動は経営トップから第一線作業者までの全員参加が基本です。

問題5 解答 ホ

解説

　時間稼働率を求める式は，下記通りとなります。
　　　○時間稼働率＝（負荷時間－停止時間）／負荷時間

問題6 解答 ハ

解説

　設備保全では，事後保全よりも，突発事故を未然に防ぐ予防保全の重要性が増してきています。

問題7　解答　ロ

解説

　フールプルーフ機構とは，間違って操作しても安全が保たれる機構ということであり，故障しないということではありません。

問題8　解答　ニ

解説

　定期点検は，保安部門が設備を停止させて行います。

問題9　解答　ハ

解説

　Ｖベルトによる伝動では，Ｖベルト車の溝にＶベルトが当たらないように調整して使用するのが適切な使用方法である。

問題10　解答　ハ

解説

　高速度回転においては，相対速度が大きく油膜は出来易いので，一般に高粘度油よりも低粘度油が用いられます。

問題11　解答　ホ

解説

　潤滑油は劣化すると，スラッジを生成して酸価が増加し，色も濃くなり粘度は増加します。

問題12　解答　ロ

解説

　故障率の推移を表すバスタブ曲線は，電気部品にも適用されます。初期故障・偶発故障・摩耗故障でそれぞれ要因が異なるため，要因をしっかりと見極めて対処することが大切です。

設備管理

問題13 | 解答　ニ

解説

　圧力計の針振れの原因として，圧力計や取付配管の固定不足，配管内の脈動，ポンプ本体の振動などが考えられます。したがって，ポンプ効率低下の影響も無縁ではありません。

問題14 | 解答　ハ

解説

　相手の歯先が歯元に強く当り，大きくえぐり取られる現象のことは，「干渉」といいます。ピッチングとは，繰り返し荷重によって歯車の歯面に生じる疲労破壊（不規則な凹み）のことです。

問題15 | 解答　ロ

解説

　潤滑油の温度が高くなると，油の粘度が低下し潤滑性能が低下します。したがって，寿命が短くなる危険が増します。

演習問題〈実技試験編〉

問題1 下記の記述は，設備管理に関するものです。（ ① ）〜
（ ⑧ ）内に当てはまる語句を下表の語群より選んで，記号で
答えなさい。
ただし，同一記号を重複しての使用はなりません。

　最近の設備は，省力化や信頼性等を求めて，（ ① ）で（ ② ）な機
械が増えており，高額な設備となってきています。この状況の中で，設備の
一生涯を対象として生産性を高める最も経済的な保全としての（ ③ ）の
重要性が増してきています。
　（ ③ ）は，一般的には（ ④ ）や（ ⑤ ）などの事前に手入れを
行う（ ⑥ ）の考え方が基本です。そして最近では，「良いものをより安
く生産するための最も経済的な設備保全」（最適保全）へと発展してきてい
ます。この最適保全とは，下図に示すように，設備故障による損失と保全に
かかる費用の合計が最小になることを狙った考え方です。
　全ての設備を完全に（ ⑦ ）することは，経済的に問題があります。し
たがって，まずは（ ⑦ ）によって収益を最も高められる（ ⑧ ）を選
択することが大切です。

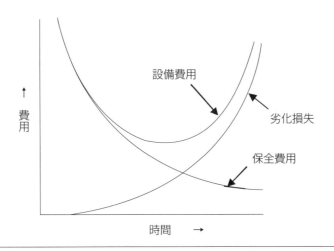

【語群】

㈎ 改良保全	㈑ 生産保全	㈒ 緊急保全
㈓ 事後保全	㈔ 予防保全	㈕ 保全
㈖ 高性能	㈗ 多機能	㈘ 重点設備
㈙ 日常点検	㈚ 定期点検	㈛ 設備故障

問題2 下記の記述は，設備保全に関するものです。（ ① ）～（ ⑪ ）内に当てはまる語句を下表の語群より選んで，記号で答えなさい。

ただし，同一記号を重複しての使用はなりません。

＜設備点検の前に＞

1．重点設備を選択するのに当たっては，（ ① ）に与える影響度・（ ② ）に与える影響度・（ ③ ）に要する時間・（ ④ ）の購入価格などを評価して決定します。

次に，選択した設備において，収益性の面から重点とする保全（ ⑤ ）を決め，同時に点検項目と修理限界を示す特性値を決定します。

＜点検作業について＞

2．設備の点検作業には，（ ⑥ ）と（ ⑦ ）とがあります。

（ ⑥ ）は，（ ⑧ ）部門で設備の（ ⑨ ）にチェックします。また（ ⑦ ）は，（ ⑩ ）部門で設備の（ ⑪ ）に分解開放などを行いながら実施します。

【語群】

㈎ 保安	㈑ 修理	㈒ 設備
㈓ 生産	㈔ 運転中	㈕ 停止中
㈖ 品質	㈗ 個所	㈘ 異常
㈙ 製造	㈚ 定期点検	㈛ 日常点検

問題3 次の記述は，設備保全に関するものです。（ ① ）～（ ⑧ ）内に当てはまる語句を下表の語群より選んで，記号で答えなさい。

ただし，同一記号を重複しての使用はなりません。

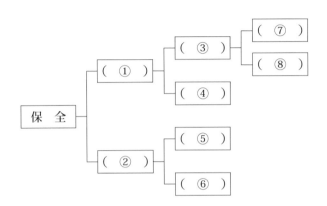

（ ① ）は，使用中の故障を未然に防止し，使用可能状態を維持する保全である。また（ ② ）は，事故や故障が起こった後で，アイテムを運用可能状態に回復する保全である。

（ ③ ）は，予定の時間計画（スケジュール）に基く予防保全であり，（ ④ ）は，状態監視を連続的・間接的または定期的に点検・試験・計測・警報などで行われる保全である。

（ ⑤ ）は，予防保全を行うとしたアイテムの故障に対する保全であり，（ ⑥ ）は，管理上，予防保全を行わないとしたアイテムの故障に対する保全である。

（ ⑦ ）は，予定の時間間隔で行う保全であり，（ ⑧ ）は，予定の累積動作時間に達した時に行う保全である。

【語群】

(ア) 定期保全	(イ) 稼働状態	(ウ) 経時保全
(エ) 事後保全	(オ) 日常保全	(カ) 予防保全
(キ) 通常事後保全	(ク) 緊急保全	(ケ) 時間計画保全
(コ) 製造保全	(サ) 状態監視保全	(シ) 改善活動

解答と解説〈実技試験編〉

<問題1>
解答		
	① : キ	（高性能）
	② : ク	（多機能）
	③ : イ	（生産保全）
	④ : コ	（日常点検）
	⑤ : サ	（定期点検）
	⑥ : オ	（予防保全）
	⑦ : カ	（保全）
	⑧ : ケ	（重点設備）

解説

　設備保全において，予防保全〜最適保全の考え方はとても重要であり，今後は特に重視してしていかねばならないテーマでもあります。

<問題2>
解答		
	① : エ	（生産）
	② : キ	（品質）｝順不同
	③ : イ	（修理）
	④ : ウ	（設備）
	⑤ : ク	（個所）
	⑥ : シ	（日常点検）
	⑦ : サ	（定期点検）
	⑧ : コ	（製造）
	⑨ : オ	（運転中）
	⑩ : ア	（保安）
	⑪ : カ	（停止中）

解説

　設備点検の前の「重点設備の選択」と「保全個所の決定」はとても大切です。『第6節　設備の点検方法』を参照して，知識を確実にしておいて下さい。

<問題3＞　　解答　①：カ（予防保全）

②：エ（事後保全）

③：ケ（時間計画保全）

④：サ（状態監視保全）

⑤：ク（緊急保全）

⑥：キ（通常事後保全）

⑦：ア（定期保全）

⑧：ウ（経時保全）

解説

　保全（メンテナンス）とは，「使用及び運用可能状態に維持し，又は故障，欠点などを回復するための全ての処置及び活動」のことでり，保全の管理上の分類については，日本工業規格（JIS）Z8115で示されています。

第 8 章
現場技術

第1節 自動生産システム

1 数値制御に関する基礎知識

(1)NC（数値制御）Numerical Control

工作物に対する工具経路，その他加工に必要な作業工程などを，数値情報などで制御すること

(2)CNC（コンピュータ数値制御）Computer Numerical Control

工作機械において，工具の移動量や移動速度などをコンピュータによって，数値制御すること（同一加工手順の繰り返しや複雑な形状の加工が可能）

(3)DNC（直接数値制御）Direct Numerical Control

コンピュータによって直接 NC 工作機械を制御すること（複数の工作機械を1台のコンピュータで制御可能）

(4)FA（Factory Automation）

生産設備と生産行為を情報処理システムの支援のもとに統合化した工場の総合的な自動化のこと（自動化が進むと無人工場となる）

(5)サーボ機構

物体の位置・方位・姿勢などを制御量として，目標値の任意の変化に追従するように制御する機構（一般に，サーボ機構ではフィードバック制御を行う）

(6)適応制御

時々刻々と変化する条件に対応して，変化情報に基づいて所定の加工状態を保つように自動調整を行う方式

⑺プレイバック制御

　手動で工作物に対する工具経路や必要な作業などを教示して，数値制御装置に記憶させ，その作業を再生させること

2 数値制御工作機械

⑴多軸制御工作機械

　5軸以上の制御軸数をもつ数値制御工作機械

⑵FMC（数値制御多機能工作機械）Flexible Manufacturing Cell

　数値制御機械に，ストッカ・自動供給装置・着脱装置などを備え，多種類の工作物を加工できる機械

⑶MC（マシニングセンタ）Machining Center

　主として回転工具を使用し，フライス削り・中ぐり・穴あけ及びねじ立てを含む複数の切削加工ができ，かつ，プログラムに従って工具を自動交換できる数値制御工作機械

⑷ターニングセンタ（Turning Centre）NC工作機械又はCNC工作機械

　主として工作物を回転させ，工具の自動交換機能を備え，工作物の取り替え無しに，旋削加工のほか多種類の加工ができる数値制御工作機械

⑸グラインディングセンタ（Grinding Center）

　研削と石車の自動交換機能を備え，内外形や端面の研削など，様々な研削加工を工作物の段取り替えなしに実行可能な数値制御工作機械

⑹門形工作機械

　鉛直方向に運動可能な主軸頭を搭載した横けたを2本のコラムで支持するとともに，最上部を水平はりで結合した門形構造の工作機械

現場技術

3 工作機械の付帯設備

(1)AJC（自動つめ交換装置）Automatic Jaw Changer
数値制御工作機械において，チャックの爪を自動交換する装置

(2)ATC（自動工具交換装置）Automatic Tool Changer
数値制御工作機械において，工具を自動交換する装置

(3)オートローダ（Auto Loader）
工作機械などに，工作物を自動的に取付け・取外しをする装置

(4)ツーリングシステム（Tooling System）
使用目的に合うように，所要の工具と工具保持具とを選択・組合せできるようにしたシステム

4 生産システム

(1)CIM（コンピュータ統合生産）Computer Integrated Manufacturing
生産に関するすべての情報をコンピュータネットワーク及びデータベースを用いて，統括的に制御・管理することによって，生産活動の最適化を図るシステム

(2)FMS（Flexible Manufacturing System）
生産設備の全体をコンピュータで統括的に制御・管理することによって，混合生産・生産内容の変更などが可能な生産システム

(3)PDM（製品情報管理システム）Product Data Management
製品開発を行う企業のために，CAD図面・企画書・試験データ・原価資料などの製品情報を，一元的に管理し，必要時に閲覧できるシステム

(4)PLM（製品ライフサイクル管理）Product Lifecycle Management
製品の企画・設計開発・製造・保守・廃棄・リサイクルといったライフサイクル全体を，製品情報を中心に包括的に管理し，収益を最大化するシステムの総称

⑸POP（生産時点情報管理）Point of Production

　生産現場で時々刻々に発生する生産情報を，その発生源（機械・設備・作業者・工作物など）から直接に採取し，リアルタイムに情報を処理して，現場に提供すること，又はその判断結果を現場に指示すること

⑹混合生産

　数種の品目を混合して生産すること

⑺バッチ生産

　品種ごとに一定の生産量をまとめて生産する方式

⑻APS（生産スケジューラ）Advanced Planning and Scheduling

　工程負荷・資材調達などの制約を考慮し，その中で最適化された生産スケジュールを立案する，生産計画の考え方及びシステム

5 自動計測機器

⑴CAT（Computer Aided Testing）

　コンピュータを利用して製品を自動的に測定・検査すること
　（これがFMSラインの中に組み込まれてCAD/CAMに役立てる）

⑵インプロセス計測

　加工中に被削材の計測を行うこと（寸法の補正制御が可能となる）

6 CAD/CAM/CAE

⑴CAD（Computer Aided Design）

　製品の形状，その他の属性データからなるモデルをコンピュータの内部に作成し，解析・処理することによって進める設計

⑵CAM（Computer Aided Manufacturing）

　コンピュータの内部に表現されたモデルに基づいて，生産に必要な各種情報を生成すること，及びそれに基づいて進める生産の形式

現場技術

⑶CAE（Computer Aided Engineering）

コンピュータ技術を活用して，シミュレーションや解析により，製品の設計・製造・工程設計などの事前検討を行うこと

７ 自動搬送機器

⑴AGV（無人搬送車）Automatic Guided Vehicle

本体に人手又は自動で荷物を積み込み，指示された場所まで自動走行し，人手又は自動で荷降ろしをする有軌道又は無軌道車両

⑵無軌道台車システム

軌道を使わないシステムであり，コンベアを用いた搬送システムに比べ，設備配置のフレキシビリティが高いシステム

⑶アキュームコンベア

工程間における，生産量の不揃いを吸収する役目を持ったコンベア

⑷グラビティコンベア

グラビティとは重力を意味し，搬送物を重力を用いて搬送する「動力を使わないコンベア」の総称。

⑸チェーンコンベア

２列のチェーン上に直接搬送物を載せて運搬するコンベア

⑹ベルトコンベア

フレームの両端に設けたプーリに，コンベアベルトを張り，その上に搬送物を載せて搬送するコンベア

⑺ローラコンベア

ローラの回転を利用して運ぶコンベア

8 産業用ロボット

⑴マニピュレータ（Manipulator）
　互いに連結された関節で構成し，対象物をつかむ，または動かすことを目的とした機械

⑵マニュアルマニピュレータ（Manual Manipulator）
　人間が操作するマニピュレータ

⑶シーケンスロボット
　あらかじめ設定された順序と条件及び位置に従って，動作の各段階を逐次進めていくロボット

⑷プレイバックロボット
　人間がロボットを動かして覚えさせることにより，作業の順序・位置などの情報を記憶させ，その通りの動作を繰り返し行えるロボット

⑸数値制御ロボット
　動かすことなく，特殊な言語でプログラムしたとおりに動くロボット（プレイバックロボットの対極）

⑹感覚制御ロボット
　人間の五感に相当するセンサーで，感覚情報に応じて動くロボット

⑺適応制御ロボット
　環境の変化などに応じて制御特性を変化させて動くロボット

⑻学習制御ロボット
　作業経験を蓄積・学習し，次の作業に反映させる機能を持ったロボット

⑼知能ロボット
　認識能力・学習能力・環境適応能力などを持って行動決定のできるロボット

現場技術

261

制御システム

第2節

制御システムとは，他の機器やシステムを管理し制御するためのものです。以下に制御システムに関係する用語について説明します。

1 制御の方法

(1)フィードバック制御

制御の結果によって，制御量を目標フィードバックの情報（制御対象の値）と比較し，それらを一致させるように訂正動作を行う制御

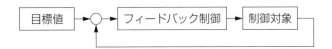

(2)フィードフォワード制御

制御を乱す外的要因が発生した場合にも対応できるように，前もってその影響を極力抑えるように修正動作を行う制御

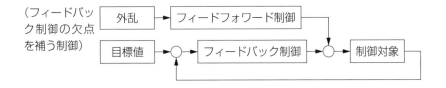

(3)シーケンス制御

あらかじめ定められた順序に従って，制御の各段階を逐次進めていく制御

(4)カスケード制御

フィードバック制御系において，一つの制御装置の出力信号によって他の制御系の目標値を決定する制御

⑸最適制御

制御過程または制御結果を与えられた基準に従って評価し，その成績を最も良くする制御

⑹ロバスト制御

制御対象の特性に多少の変動があっても，制御系全体は不安定にならないよう設計された制御

⑺定値制御

目標値が時間的に変化しない（一定の）制御

⑻追従制御

時々刻々変化する目標値に追従する制御

⑼PID 制御

フィードバック制御において，目標値との差による制御だけでなく，その積分値および微分値も含めた 3 つの要素で行う制御

⑽プログラム制御

目標値とその変更があらかじめプログラムされており，その変化に追従する制御

⑾比率制御

二つ以上の量の間に，ある比率関係を保たせる制御

⑿適応制御

対象の特性・環境の変化に応じて，制御特性を変化させる制御

現場技術

2 制御機器

制御システムで使用される機器には，次のようなものがあります。

(1)差動トランス

直線的な機械的変化を1次コイルと2次コイルの電圧差として検出し，高精度で微小変位の測定が可能なもの

(2)タコジェネレータ

「フレミングの右手の法則」を原理とする直流発電機であり，回転速度に比例した直流電圧を発生するもの

(3)圧力検出器

受圧部にダイヤフラムを使用し，圧力によりダイヤフラムが変形するときの抵抗値の変化を利用した検出器

(4)エンコーダ

長さや回転角の変化を，ある微小量を単位としたデジタル信号に変換するもの

(5)ストレインゲージ

金属の線または箔の電気抵抗が，発生するひずみによって変化する現象を利用したもの

(6)ポテンショメータ

機械的変位（移動量）を一旦電気抵抗として検出し，その抵抗体に一定の電圧を加えると抵抗変化に応じた電圧を出力するもの

第3節 プログラミング

　NC 加工における準備の手順を示すと下記のようになります。まず加工計画を立て，工具選定などを行います。そして NC プログラムの作成へと進みます。プログラム作成には，マニュアルプログラミングと自動プログラミングとがあります。

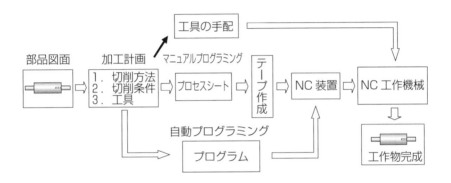

1 プロセスシートの作成

　マニュアルプログラミングでは，プロセスシートにプログラムを書き込み，この内容をテープパンチャを使って，プログラムの印字および NC テープの作成を行います。

■ プロセスシート

部品名　:				作成者				
				日付				
Ｎコード	Ｇコード	Ｘ軸	Ｙ軸	Ｚ軸	Ｆコード	Ｓコード	Ｔコード	Ｍコード

② プログラムの約束事

　プログラム作成に当たっては，次のような種々の約束事を理解して実行する必要があります。

⑴ブロックの構成

　NC プログラムにおける一つのブロックは，次のような構成をとっています。

LF	N×××	G××	X……	Y……		F×××	S××	T××	M××	LF
ブロック始まり	シーケンス番号	準備機能	X, Y, Z, U, V, W…の順に入れる			送り速度	主軸回転数	工具選択	補助機能	ブロック終り

⑵アドレスキャラクタ

　各ブロックで使われている NC 言語は，一つひとつが言語というより，記号の羅列となっています。各種の動作を表すアルファベットとその後に続く数値で一つの意味を表しています。

■ アドレスキャラクタ

キャラクタ	機　能	意　味
N	シーケンス番号	シーケンス番号
G	準備機能	モードの指定など
X, Y, Z		…座標軸
U, V, W	寸法などに関するもの	…座標軸
A, B, C		…回転軸
R		…回転半径
I, J, K		…円弧中心，ベクトル
F	送り機能	送り速度の指定
S	主軸機能	主軸回転数の選択
T	工具機能	工具の選択
M	補助機能	補助動作の指示
H, D	オフセット番号	オフセット番号
P, Q, R	パラメータ	固定サイクルパラメータ
P	プログラム番号	サブプログラム番号の指定
L	繰り返し数	繰り返し数の指定

3 プログラムの組み方

　マシンプログラムの移動量指示方法には，下記の2通りがあります。

⑴アブソリュート方式

　工具の位置は，始点に関係なく座標上での終点位置のみを指示します。

　例 G90G01X2.0Y6.0F200
　　　※アブソリュート方式では，工作物の現在位置を指示する必要があります。

現場技術

267

⑵インクレメンタル方式

現在の工具位置（始点）から，工具が移動して到達する位置（終点）までの，各軸方向の移動距離を指令する方式です。

例　G91G01X－5.0Y4.0F200

※インクレメンタル方式では，工作物がどこにあってもプログラムは変わりません。

4 プログラムコード

⑴準備機能（G 機能）

G のあとに 2 桁の数字を付けて，動作の内容を修飾します。寸法指令などと関連しています。

■ G 機能一覧表

コード	機　能	内　容
G00	位置決め	指令した位置へ最大送りで移動させるモード
G01	直線補間	直線運動を指定する制御モード
G02	円弧補間 （時計回り）	工具の運動を円弧に沿うようにするモード
G03	円弧補間 （反時計回り）	工具の運動を円弧に沿うようにするモード
G04	ドウェル	設定した時間だけプログラムを休止させるドウェル
G06	放物線補間	工具の運動を放物線に沿うようにするモード
G08	加速	プログラムされた速度まで送り速度を増加させる
G09	減速	プログラムされた速度から送り速度を減少させる
G17	XY 平面の選択	工具補正などを行わせる面を選択（XY 平面）
G18	ZX 平面の選択	工具補正などを行わせる面を選択（ZX 平面）
G19	YZ 平面の選択	工具補正などを行わせる面を選択（YZ 平面）

G33	一定リードのねじ切り	一定リードのねじ切りモード
G40	工具径補正キャンセル	工具径補正（G41, G42）のキャンセルに使用
G41	工具径補正－左	加工面の左側を工具中心が通るような工具径補正
G42	工具径補正－右	加工面の右側を工具中心が通るような工具径補正
G43	工具オフセット, 正	工具オフセットの値を座標軸に加える（＋）
G44	工具オフセット, 負	工具オフセットの値を座標軸から差し引く（－）
G49	工具オフセットのキャンセル	与えられていた工具オフセットをキャンセルする（G43, G44のキャンセル）
G80	固定サイクルのキャンセル	G81～89の機能をキャンセルする指令
G81～89	固定サイクル	中ぐり，穴あけ，ねじ立てなどの加工を行うために，決められたシーケンスを実行させる指令
G90	アブソリュートデメンジョン	アブソリュート指令（原点を0とした座標値で軸移動）
G91	インクレメンタルデメンジョン	インクレメンタル指令（現在値からの移動量で軸移動）
G92	座標系設定	座標系を修正または設定するのに用いる指令

⑵補助機能（M機能）

　G機能と同じように，Mのあとに2桁の数字を付けて示します。この機能は，寸法指令とは関係せずに単独で動作します。

■ M機能一覧表

コード	機　能	内　容
M00	プログラムストップ	プログラムの運行を中断する指令
M01	オプショナルストップ	作業者がこの機能を有効にするスイッチを入れておけば，プログラムストップと同じ機能を果たす

現場技術

M02	エンドオブプログラム	工作物の加工プログラムの終りを示す指令
M03	主軸回転（時計方向）	右ねじの方向に主軸を回転させる指令
M04	主軸回転（反時計方向）	右ねじが遠ざかる方向に主軸を回転させる指令
M05	主軸停止	主軸を停止させる指令
M06	工具交換	工具交換を実行させる指令
M08	クーラント開始	クーラント（切削液）を開始させる指令
M09	クーラント停止	クーラント（切削液）を停止させる指令
M10	クランプ	工作物・取付具・主軸などを固定させる指令
M11	アンクランプ	工作物・取付具・主軸などを開放させる指令
M19	定回転位置に主軸停止	決められた角度位置に主軸を停止させる指令

5 流れ図の記号

　コンピュータの処理手順を表すには，文章で書くよりも記号を使って図式化した方が，明確で誤りの有無なども分かり易い。一般的に使用される流れ図は下記通りです。

名称	記 号	説 明
端子		流れ図の始めと終わりを表す
処理		あらゆる種類の処理の働きを表す
判断		記号中に書かれた条件によって判断をする
線	または ──	記号と記号とを結び流れを表す
データ		入出力に利用されるデータを表す
書類		人が読むことのできるデータを表す

加工法

1 特殊加工

⑴レーザー加工

　レーザ加工とは，高エネルギー密度のレーザ光を物体表面に照射して，熱エネルギーで対象物を融解・蒸発させます。この高エネルギーを利用して，溶接・溶断・穴あけなどを行うことができます。

＜レーザ加工の特徴＞

　①熱の影響が少なく，熱変形が極めて少ない。

　②高エネルギー密度の光を照射のため，加工速度が速い。

　③セラミックやプラスチック，木材なども加工できる。

　④エネルギー密度が高く，異種金属の溶接も可能である。

＜レーザーの種類＞

　①YAGレーザー（固体）

　　固体レーザーで，研究用・工業用・医療用として利用される。

　②ルビーレーザー（固体）

　　媒質に宝石ルビーを使用し，出力が大きく機械加工に利用される。

　③CO₂レーザー（ガス）

　　YAGレーザーより大出力であるため，板金切断などに利用される。

　④エキシマレーザー（ガス）

　　混合ガスを用いてレーザー光を発生させる装置であり，半導体製造におけるフォトエッチングなどに利用される。

　⑤Ar＋イオンレーザー（ガス）

　　出力は可視光の数mW〜数100mWであり，微細加工が可能である。

(2)電子ビーム加工

電子ビーム加工は，真空中で高速に加速した電子を工作物に衝突させて，運動エネルギーを熱エネルギーに変換します。この熱で工作物を溶融・蒸発させ，穴あけ・切断・溶接などに利用されます。

> **長所** ①5〜10μm の微細加工から大型溶接まで行える。
> ②真空中で加工を行うので，汚染や酸化がない。

> **短所** ①真空中の操作となるため，取扱いが不便である。
> ②熱による加工のため，熱に起因する変形がある。
> ③Ｘ線が発生するので，安全対策が必要である。

(3)電気化学加工

①放電加工

被加工物を加工液の中に浸し，被加工物と電極との間で液中放電を行います。

熱エネルギーが発生し，被加工物が溶融して加工が進行します。超硬合金なども加工できます。

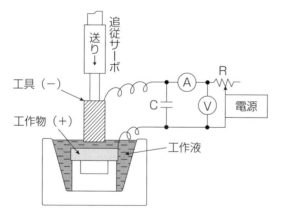

<放電加工の特徴>
・非接触加工である。
・電気伝導体にのみ適用可能
・被工作物の硬さには影響されない。
・ワイヤ放電加工などで，容易に所要の形状に加工できる。

②電解加工

　　電極と加工する物体を，微小間隔に相対して電解溶液の中に入れ，直流電源をマイナスとプラスにつなぐと，工作物（金属）は電極の形状に沿って溶け出し成形されます。

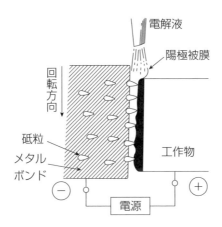

⑷セラミック被覆加工

①プラズマ溶射

　　熱を加えて溶融，あるいは粉末を高速で素材にあてて被膜層を作ることを溶射といいます。セラミックスの溶射には，プラズマジェットを用います。プラズマジェットの温度は10,000〜20,000°Kで，溶射材料の粉末をプラズマジェットの中に供給すると，粉末は加速され高速で素材に激突して被膜となります。

　　溶射時の雰囲気により，減圧プラズマ溶射・大気プラズマ溶射・加圧プラズマ溶射があります。

②CVD（化学的蒸着）Chemical Vapor Deposition

　　化学気相めっきとも言われ，化学反応を利用して，金属・炭化物・窒化物などを物質の上に皮膜します。反応物質として，塩化物や臭化物が用いられ，800〜1,300℃の高温度で行われます。

現場技術

③PVD（物理的蒸着）Physical Vapor Deposition

　　対象となる物体の表面に物理的手法により薄膜をつくる技術です。代表的な方法に，真空蒸着・スパッタリング・イオンプレーティングがあります。

●真空蒸着

　　真空中で膜にしたい物質を加熱して蒸発させ，その蒸気を膜を付けたい対象物（セラミックなど）に堆積して膜を形成する方法です。

●イオンプレーティング

　　真空蒸着と同様に，真空中で膜にしたい物質を加熱して蒸発させます。イオンプレーティングでは，その蒸気粒子をプラズマ中を通過させることにより，蒸発粒子がイオン化して堆積して膜となります。密着性の強い膜ができます。

●スパッタリング

　　プラズマ等の高エネルギー粒子を膜にしたい物質に衝突させて，物質の原子を叩き出し，対象物（セラミックなど）に堆積して薄膜とする方法です。

2 切削・研削加工

(1)切削加工

　　切削加工は，切削工具を用いて対象物を削り取る加工方法です。旋盤やフライス盤・ボール盤などで，工具としてバイトやドリルを使用します。

①旋削加工

　　回転している対象物に工具を当てて，希望の形状に加工する方法です。旋盤を使用し，工具としてバイト・ドリルなどが用いられます。

②穴あけ加工

　穴あけは，ボール盤に対象物を固定し，ドリルという工具を回転させて行います。開けられた穴を仕上げる加工として，リーマ加工があります。これもボール盤で行います。

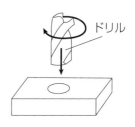

③中ぐり加工

　ボール盤で開けられた穴を広げたり，大きな穴あけを行うのを中ぐり加工と言います。旋盤を使って行う場合と，中ぐり盤を使って行う場合とがあります。旋盤の場合は工作物が回転し，中ぐり盤の場合はバイト側が回転します。

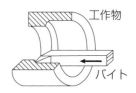

④平削り加工

　平削り加工は，平削り盤上で対象物を固定したテーブルを往復運動させ，テーブルの運動と直角方向にバイトを送り，平面削りを行う加工です。（バイト側は回転せず送りのみです）

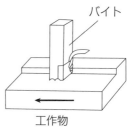

⑤フライス加工

　フライス加工は，フライス盤上で対象物を固定し切削工具を高速に回転させて行います。テーブルはX−Y方向に移動し，工具はZ方向に移動します。平面・側面・溝などの加工に適しています。

現場技術

275

(2)研削加工

　高速回転する砥石によって，対象物の表面を除去して平滑な面を得る加工方法です。円筒研削や平面研削などがあります。

①円筒研削

　円筒研削は，円筒状の対象物の外面を研削する加工です。対象物は円筒研削盤の両端のセンタで支持され，また旋盤と同様に対象物に回転運動が与えられ，砥石も回転をして研削されます。

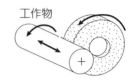

工作物

②内面研削

　内面研削は，穴の内面を研削する加工です。内面研削盤に固定した対象物を回転させ，その穴に回転している砥石を挿入して加工します。

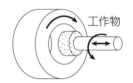

工作物

③平面研削

　平面研削は，対象物の平面を研削する加工です。平面研削盤のテーブルに対象物を固定して往復運動し，回転する円筒形砥石で研削します。砥石の外周面で研削するものと側面で研削するものがあります。

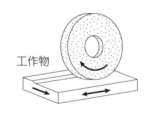

工作物

④芯なし研削

　芯なし研削は，対象物を固定せずに砥石と調整車および支持刃で押さえ込んで加工します。センタレス研削とも呼ばれます。

　この方法では，対象物が全長にわたって支持されるため，均一な研削ができ，対象物の取付け・取外しが不要で生産性の高い加工です。

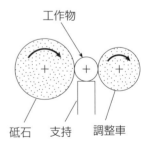

工作物

砥石　　支持　　調整車

3 塑性加工

塑性加工とは，加工物に型などを押しつけて目的とする形状を得る方法です。金属に力を加えて変形させると，元に戻らない性質（塑性）を利用したものです。鍛造加工・押出し加工・プレス加工などがあります。

⑴プレス加工

上下の対になった金型（上型と下型）の間に素材をはさみ，強い力を加えることによって，求める形状に成形します。

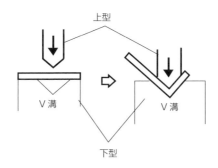

⑵鍛造加工

金属をハンマーなどで叩いて，強度を高めるとともに目的の形状に成形する。熱間鍛造，冷間鍛造などがあります。

⑶押出し加工

型枠に入れられた素材に高い圧力を加え，一定断面形状のわずかなスキマから押出して求める形状に成形します。

⑷圧延加工

2つ以上のローラを回転させ，その間に金属を通すことによって板・棒・管などの形状に加工します。

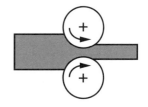

⑸引抜き加工

金属を先細りのダイス穴を通して引っ張り，求める形状に成形します。

現場技術

◢ プラスチック成形加工

⑴圧縮成形

　金型の中に樹脂を入れ，加熱・圧縮して成形します。

⑵射出成形

　溶けた樹脂を射出機から金型の中に射出・圧入して成形します。

⑶インフレーション成形

　押し出されたチューブ状の樹脂に空気を吹き込んで薄膜とします。

⑷ブロー成形

　加熱して柔らかい樹脂に空気を吹き込み，金型内壁に押し付けて成形します。

◢ 熱処理加工

　ほとんどの材料は，熱処理をされて本来の機械的性質がでるようになります。中でも特に鋼は，熱処理されてはじめて鋼としての性質が出るといってもよく，熱処理なしでは語れない材料です。

■ 炭素鋼の状態図

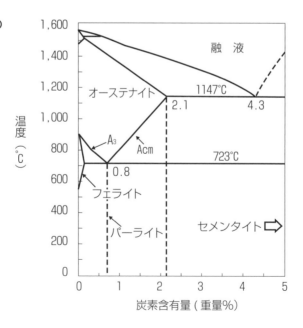

⑴焼入れ

鋼を高温（オーステナイト域）に加熱した後に，急冷させて組織をマルテンサイト化させます。材料は硬くて脆い性質を持ちます。

⑵焼戻し

鋼を焼入れ後にある温度（※）まで加熱し徐冷することにより，マルテンサイト化した不安定な組織を安定させ，靭性を回復させます。

引張強さは低下するが，衝撃値が上昇し内部応力が減少します。

※高温焼戻し：400〜650℃

　低温焼戻し：180〜200℃

⑶焼きなまし

鋼を再結晶温度以上へ加熱した後に，炉内で徐冷することにより，焼入れなどで硬化した材料を軟化させます。焼鈍（しょうどん）とも言います。

残留応力の除去，硬化部の軟化，組織の均一化などの効果があります。

⑷焼きならし

鋼を A_3 点または Acm 点以上に加熱した後に，大気中に放冷する方法です。焼準（しょうじゅん）とも言います。

前加工の影響を除いて，引張強さや靭性を改善する効果があります。

⑸調質

一般に，焼入れ焼戻し処理のことを調質と言います。ただし，低温焼戻し（約200℃）の場合は調質とは言わず，高温焼戻し（約400℃）の場合にのみ調質と呼びます。

⑹サブゼロ処理

サブゼロ処理とは，文字通り 0 ℃以下にすることを言います。焼入れ直後に行い，サブゼロ処理後に焼戻しを行います。これにより，置き割れや置き曲がりなどの経時寸法変化が防止できます。

現場技術

６ 鋼の表面硬化処理

⑴高周波焼入れ

　金属にコイル状に銅線を巻き付けて交流を流すと，渦電流が金属表面に流れます。この高周波誘導加熱によって，鋼の表面層のみが焼入れ硬化されます。

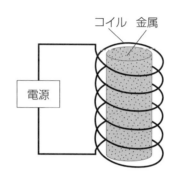

コイル　金属

電源

⑵火炎焼入れ

　ガスバーナーから噴出させた燃焼炎によって，鋼の表面を急速加熱して焼入れ硬化させます。通常は，アセチレン・プロパンなどと酸素との混合ガスが使われます。表面の温度制御が難しく，量産品には適用されません。

⑶浸炭焼入れ

　熱処理炉で加熱し，表面から炭素を浸入させて表面の炭素濃度を増加させた後，焼入れ硬化させる処理方法です。

⑷窒化処理

　熱処理炉で加熱して表面から窒素を浸入させ，浸入した窒素が様々な合金元素と結びついて窒化物として析出することで硬化する処理方法です。

　焼入れ法と比べて加熱温度が低いために，寸法変化や変形が極めて少なく，また表面硬度も Hv1,000以上と非常に高い値となります。

第5節　機器組立て法

　電子機器の組立て作業は，家電用途でも産業用途でも，基本的な作業に大きな違いは有りません。電子機器用部品としては，プリント基板が良く使われます。

1 部品の取付けと組立て

⑴部品の取付け前の注意

　電子機器の組立ては，まず，組立作業に必要な部品を作業台上に並べ，部品の破損・紛失等が無いことを確認します。トランジスタ・ダイオード・スイッチ類などは，テスタで導通チェックします。

　※湿度が下がると，摩擦などにより静電気が生じ易くなるので，作業域の湿度は40〜60％に保ちます。

⑵プリント基板の組立て

　プリント基板は電子機器の心臓部とも言われ，取り付けられる部品の多くは標準化されています。プリント基板上に部品を取り付けることを「実装」と言い，表面実装と挿入実装があります。

　○表面実装法（SMT）

　　プリント基板上に電子部品を，直接はんだ付けで固定する方法です。通常は，マウンタと呼ばれる自動実装装置が使われます。

　○挿入実装法（IMT）

スルーホール

　　電子部品のリード端子をプリント基板の穴（スルーホール）に挿入してはんだ付けを行う方法です。

2 配線方法

プリント基板端子間や部品間をつなぐ配線作業の基本は次の通りです。

①配線は，振動などで動かないように固定する。

②配線は，部品間の最短コースを通るようにする。

③電力系統と信号系統の配線は，一緒にしない。

④発熱体の近くへの引き回しを避ける。

⑤配線の余長は，再接続1回分を原則とする。

絶縁クリアランスの規格（JISC61191-4より抜粋）

・最小クリアランス

　絶縁部は，はんだ接合部と接触してもよいが，はんだで覆われてはならない。

・最大クリアランス

　線材の絶縁部を含む直径の2倍又は1.5mmのいずれか大きい方を超えない範囲とする。

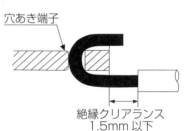

穴あき端子

絶縁クリアランス
1.5mm以下

3 はんだ付け方式

プリント基板を多く使用する電子機器においては，はんだ付けは欠かすことの出来ない接続法です。

はんだ付けする方法には，次のようなものがあります。

(1)フロー方式

加熱して溶かしたはんだの槽に，プリント基板を浸して，はんだ付けを行う方法です。

「超音波はんだ付け」や「ウエーブはんだ付け」などがあります。

(2)リフロー方式

あらかじめクリーム状のはんだを塗布した後に，熱風などの加熱によりはんだを溶融して行う方法です。

加熱方法に，赤外線式や熱風式などがあります。

4 はんだの材料

　はんだ付けとは，熱で溶かしたはんだによって，金属を接合する作業のことです。ろう接とも言います。

　はんだの材料として，次のようなものがあります。

⑴鉛系はんだ

　①Pb−Sn系（共晶はんだ）

　かつては，最も良く使用されていたはんだです。1990年代に電子機器のはんだ付け基板から，酸性雨により鉛（Pb）が溶け出し地下水を汚染するという問題が発生し，その後は余り使用されなくなってきています。

　※鉛は，人体に入ると中毒症状を起こし，一度体に入ると排出されにくい。

⑵鉛フリーはんだ

　鉛を含まないはんだを総称して言います。Sn（錫）に他の金属がプラスされた，さまざまな合金パターンが存在します。

　①Sn−Ag−Cu系

　②Sn−Zn−Bi系

　※１．鉛フリーはんだは，鉛の含有率0.10質量％以下と規定されている。

　　２．鉛フリーはんだの融点は約220℃で，共晶はんだの融点より約40℃高い。

　　３．鉛フリーはんだは，高価であり，はんだ付け時にも多くのエネルギーを使用する。

材料

1 ファインセラミックス

(1)アルミナ

　最も幅広い分野で使用されているセラミックスです。化学的に安定で融点が高く，機械的強度が高い。また電気絶縁性についても高い特性を持っています。

(2)ジルコニア

　身近では刃物に使われています。室温での強度や靭性に優れた高強度材料です。燃料電池用の固体電解質としても利用可能です。

(3)炭化ケイ素

　次世代パワー半導体の基盤として注目を浴びている SiC（単結晶）です。耐熱性や耐酸化性に優れています。また半導体と同様の電気伝導性もあります。

2 繊維強化複合材（FRP，FRM，FRC）

(1)繊維強化プラスチック（FRP）

　プラスチックをマトリックスとして，内部に強化繊維を含有させた材料です。軽くて曲げ強度・引っ張強さが大きいので，日用品から航空分野まで広く利用されています。

強化繊維には，ガラス繊維・炭素繊維・アルミナ繊維，などがあります。

(2)繊維強化金属（FRM）

　アルミニウムやチタンをマトリックスに使い，繊維強化したものです。熱にも強いので，自動車のエンジンやガスタービン材料にも用途が広がっています。

強化繊維には，ボロン繊維・炭素繊維・炭化けい素繊維，などがあります。

⑶繊維強化セラミックス（FRC）

セラミックスの最大の欠点である，じん性の低さを克服するために，炭化ケイ素ウイスカーやセラミックス繊維をセラミックスマトリックスの中に混入したものです。

3 鉄鋼材料

⑴炭素鋼

鉄と炭素の合金であり，炭素含有量は通常0.02〜約2％である。2％以上のものは鋳鉄です。

⑵工具鋼

耐摩耗性に優れ，炭素鋼に5％のクロムを添加して，耐食性を向上させています。

⑶ステンレス鋼

主成分である鉄（Fe）とクロム（Cr）・ニッケル（Ni）などの合金があります。

4 焼結材料

⑴焼結材料

・金属粉末を成形・焼成し，所定の形状・寸法を得たものです。

⑵焼結合金

・鉄系および銅系が汎用的に用いられています。
・大量生産が容易・コスト低減・難加工材に適用可能です。

現場技術

5 その他金属材料

(1)黄銅

主成分である銅（Cu）と亜鉛（Zn）との合金です。特に亜鉛が20％以上のものをいう。俗に真鍮（しんちゅう）とも呼ばれています。

(2)青銅

主成分である銅（Cu）とスズ（Sn）との合金です。スズ（Sn）3〜7％をすず青銅と言い，すず青銅にリン（P）を添加したものをりん青銅と言います。

(3)ジュラルミン

主成分アルミニウム（Al）と銅（Cu）などとの合金です。強度や加工性に優れており，航空機・自動車の構造材に使用されています。

(4)ホワイトメタル

主成分がスズ（Sn）のものと鉛（Pb）のものがあります。軸とのなじみが良く，すべり軸受材として使用されています。

(5)マグネシウム合金

マグネシウムを主成分とする合金です。比強度が高く，パソコンや自動車などの構造体として使用されています。

(6)形状記憶合金

ある温度（変態点）以下で変形しても，その温度以上に加熱すると，元の形状に回復する性質を持った合金です。

6 樹脂材料

(1)熱可塑性樹脂

汎用プラスチックとも呼ばれ，加熱によって軟化し冷却すれば硬化します。価格が安く，雑貨・包装用材料として大量生産されています。材料として，塩化ビニル・ポリエチレン・アクリルなどがあります。

⑵熱硬化性樹脂

　加熱によって硬化して元に戻らなくなる性質を持ちます。材料として，フェノール・エポキシ樹脂・シリコンなどがあります。シリコンはフェノールよりも耐熱性が優れています。

⑶エンプラ（エンジニアリングプラスチック）

　機械的強度に優れ，力のかかる用途（構造材・機構部品・強度－絶縁部品など）に用いられます。材料として，66ナイロン・ポリカーボネート・ポリエチレンテレフタレートなどがあります。ポリカーボネートは有機ガラスとも言われ，透明性・耐衝撃性・難燃性に優れています。

⑷スーパーエンプラ（スーパーエンジニアリングプラスチック）

　エンプラの中でも，さらに上回る性能（特に耐熱性，高温での機械的強度）を持ったものです。材料として，ポリアミドイミド・液晶ポリマーなどがあります。

現場技術

測定機器および検査機器

第7節

1 三次元座標測定機

　測定物の各測定点のX・Y・Zの座標点を求め，これを基に面の位置や穴の位置などを測定します。

　①フローティング形

　　作業者が測定子プローブを手動で測定物に接触させて，位置をコンピュータに取り込み測定します。

　②モータドライブ形

　　ジョイスチックなどの操作レバーを用い，X・Y・Z軸の駆動モータを制御しながら測定を進めます。

2 レーザー測定機器

　光の干渉を利用した測定機です。レーザー測定機は，対象物にレーザー光を照射して，その反射光により距離を検出します。数mあるいは数kmも離れた位置から微小な寸法を測定することができます。

3 画像解析機器

(1)画像センサ

　画像センサは，カメラでとらえた映像を画像処理することにより，対象物の特徴（面積・重心・長さ・位置など）を算出して，データや判定結果を出力するセンサです。

(2)固体撮像カメラ

　固体撮像素子は，半導体製造技術を用いて集積回路化された光電変換素子，すなわち半導体のイメージセンサです。

(3)CCD カメラ

CCD イメージセンサは固体撮像素子のひとつで，ビデオカメラ，デジタルカメラなどに広く使用されている半導体素子です。

4 材料試験機器

(1)引張試験

試験片または製品を徐々に引っ張り，降伏点・耐力・引張り強さ・降伏伸びなどを測定します。

(2)硬さ試験

一定の押込体を規定の荷重で押し付けて生じたくぼみの大きさから求めた硬さと，ハンマーを一定の高さから落下させて跳ね上がりの高さから求めた硬さとがあります。

前者にはブリネル硬さ・ビッカース硬さ・ロックウエル硬さなどがあり，後者にはショア硬さがあります。

(3)衝撃試験

材料の衝撃に対する抵抗力（じん性やぜい性）を測定します。シャルピー衝撃試験（試験片を両端支持）とアイゾット衝撃試験（試験片を片持ち支持）とがあります。

(4)疲労試験

繰り返し加えられる応力または歪みの対する材料の強度を測定する。回転曲げ疲労試験機，平面曲げ疲労試験機，ねじり疲労試験機などがあります。

5 非破壊試験機器

(1)放射線透過試験

鋳物に X 線または γ 線を照射して撮影した透過写真によって欠陥を検出します。

現場技術

⑵超音波探傷試験

超音波のパルス信号を材料表面や内部に伝播させ，反射信号から材料内部のキズや長さ・形状などを検出します。

⑶磁粉探傷試験

鋼材など強磁性体の表面，または表面近くの亀裂などを検出します。

⑷浸透探傷試験

材料表面のキズに，見えやすい色で浸透性の高い液体を浸み込ませ，再度表面に吸い出すことによりキズを拡大して検出します。

6 硬さ試験機器

硬さ試験には，押込み硬さ試験であるブリネル試験・ビッカース試験・ロックウエル試験と，反発硬さ試験であるショア試験があります。

⑴ブリネル試験

鋼または超硬合金の球を圧子とし，一定荷重で生じた圧こんの直径から硬さを算出します。

⑵ビッカース試験

ダイヤモンド四角錐を圧子とし，一定荷重で生じた圧こんの対角線の長さから硬さを算出します。

⑶ロックウエル試験

ダイヤモンドの円錐または鋼球を圧子とし，基準荷重と試験荷重との押込深さの差から硬さを算出します。

⑷ショア試験

先端がダイヤモンドののハンマ圧子を，ある高さから試験片に落下させ，跳ね上り高さから硬さを算出します。

7 温度測定機器

(1)熱電対

2種類の金属線の先端の温度差により発生する起電力を利用したものです。

(2)測温抵抗体

金属の電気抵抗が，温度変化に対して変化する性質を利用したものです。

(3)サーミスタ

金属酸化物や半導体の電気抵抗が，温度とともに変化する性質を利用したものです。

(4)バイメタル

熱膨張率の異なる2つの金属を張り合わせ，温度変化によって曲がる性質を利用したものです。

(5)赤外線サーモグラフィ

物体の表面から放射されている赤外線を検出して，それを温度に換算するものです。

対象物に非接触で温度測定が可能です。

現場技術

演習問題〈学科試験編〉

【自動生産システム】

問題1　自動生産システムに関する記述の中で，誤っているものはどれですか

イ．CNC とは，コンピュータによって基本的な加工を実施する数値制御である。

ロ．FMS とは，生産設備の全体をコンピュータで統括的に制御・管理することによって，少種多量生産に適したシステムである。

ハ．CIM とは，生産に関するすべての情報をネットワークおよびデータベースを用いて統括的に制御・管理し，生産活動の最適化を図るシステムである。

ニ．CAT とは，コンピュータを利用して製品を自動的に検査することである。

ホ．FMC とは，数値制御機械にストッカ・自動供給装置・着脱装置などを備え，多種類の製品を製造できる機械である。

問題2　自動生産システムの構成機器に関する記述で，誤っているものはどれですか

イ．オートローダでは，工作機械などに工作物を自動的に取付け・取外しをする。

ロ．加工ステーションとは，加工機械およびその機械に附帯する機器を含めて，一体とした加工システムを構成する装置である。

ハ．マニピュレータとは，互いに連結された関節で構成し，対象物をつかむ又は動かすことを目的とした機械である。

ニ．インプロセス計測とは，加工・組立の作業中に各種の計測を行うことである。

ホ．ツーリングシステムとは，自動で荷物を積み込み，指示された場所まで自動搬送するシステムである。

問題3　産業用ロボットに関する記述の中で，誤っているものはどれ　ですか

イ．適応制御ロボットは，あらかじめ設定された順序や条件などに従って動作するロボットである。

ロ．プレイバックロボットは，人間がロボットを動かして覚えさせることにより，作業内容を記憶し，その動作を繰り返し行えるロボットである。

ハ．マニピュレータは，互いに連結された関節で構成し，対象物をつかむ又は動かすことを目的とした機械である。

ニ．感覚制御ロボットは，人間の五感に相当するセンサーで動くロボットである。

ホ．知能ロボットは，認識能力・学習能力・環境適応能力を持ったロボットである。

【制御システム】

問題1　制御システムに関する内容で，誤っているものはどれですか

イ．フィードバック制御は，動作結果をフィードバックして制御量を目標値と比較し，それらを一致させるように修正動作を行う制御である

ロ．シーケンス制御とは，あらかじめ定められた順序に従って制御を進める方式である

ハ．PID制御とは，目標値とその変更があらかじめプログラムされており，その変化に従って制御する制御法である

ニ．ロバスト制御とは，制御対象の特性に多少の変動があっても，制御系全体は不安定にならないよう設計された制御のことである

ホ．追従制御とは，時々刻々変化する目標値に追従する制御のことである

問題2　制御システムの機器に関する内容で，誤っているものはどれ　ですか

イ．ポテンショメータは，機械的変位（移動量）を一旦電気抵抗として検出し，その抵抗体に一定の電圧を加えると抵抗変化に応じた電圧を出力する

現場技術

ロ．エンコーダは，長さや回転角の変化を，ある微小量を単位としたデジタル信号に変換するものである

ハ．タコジェネレータは，回転速度に比例した直流電圧を発生するものである

ニ．差動トランスとは，変位量を二つのコイル抵抗の差として検出するものである

ホ．サーミスタは，金属酸化物や半導体の電気抵抗が，温度とともに変化する性質を利用したものである

【プログラミング】

問題 1　NC 工作機械のコードと機能の組合せとして，誤っているものはどれですか

イ．G01　　　直線補間

ロ．G04　　　ドウェル

ハ．G41　　　工具径補正－左

ニ．G80　　　固定サイクルのキャンセル

ホ．M02　　　主軸停止

問題 2　次の NC プログラムの内容に関する記述で，適切なものはどれですか

　　　G91　　G01　　X35.0　　Y20.0　　F100

イ．インクレメンタルで直線切削，座標値 X35mm，Y20mm の位置へ送り速度100mm/min で移動する

ロ．アブソリュートで直線切削，座標値 X35mm，Y20mm の位置へ送り速度100mm/min で移動する

ハ．インクレメンタルで直線切削，現在位置より移動量 X35mm，Y20mm の位置へ送り速度100mm/min で移動する

ニ．インクレメンタルで時計回り円弧切削，現在位置より移動量 X35mm，Y20mm の位置へ送り速度100mm/min で移動する

ホ. アブソリュートで時計回り円弧切削，座標値 X35mm，Y20mm の位置へ送り速度100mm/min で移動する

問題3 次の NC プログラムの内容として，どの記述が正しいですか

『アブソリュートで直線切削，座標値 X85.0mm，Y85.0mm の位置へ，
送り速度120mm/min で移動する』

イ. G90　　G01　　X85.0　　Y85.0　　F120
ロ. G90　　G02　　X85.0　　Y85.0　　F120
ハ. G90　　G03　　X85.0　　Y85.0　　F120
ニ. G91　　G01　　X85.0　　Y85.0　　F120
ホ. G91　　G02　　X85.0　　Y85.0　　F120

問題4 NC 工作機械のコードに関する記述で，誤っているものはどれですか

イ. 直線補間制御の機能は，G01である。
ロ. 主軸を時計方向に回転させる機能は，M04である
ハ. 一定リードのねじ切り機能は，G33である
ニ. 工具交換機能は，M06である
ホ. G コードを準備機能と呼び，M コードを補助機能と呼ぶ

【加工法】

問題1 機械加工の種類に関する記述の中で，適切でないものはどれですか

イ. 電解加工は，電解溶液の中で直流電源により，溶け出し成形される
ロ. 電子ビームによる切断加工は，真空中で高速の電子を工作物に衝突させて行う加工方法である
ハ. プラズマ加工は，高温高速のプラズマジェットによって材料を溶融し，吹き飛ばして加工する方法である
ニ. 放電加工は，電気伝導性の無い工作物でも加工できる

現場技術

295

ホ. CVD（化学的蒸着）は，ガス反応を利用して，金属などの表面に皮膜する

問題2　レーザ加工に関する記述の中で，誤っているものはどれですか

イ. 熱の影響が少なく，ひずみや変形が少ない
ロ. セラミックのような絶縁材料にも適用できる
ハ. 微細な穴あけ加工ができる
ニ. 異種金属の溶接はできない
ホ. 非接触加工である

問題3　セラミックコーティングに関する記述の中で，誤っているものはどれですか

イ. TiN コーティングのコーティング色は，金色である
ロ. 溶射によるセラミックコーティング法として，ガス溶射と電気溶射がある
ハ. ガス反応を利用して，金属・炭化物・窒化物の被膜をつくる方法を PVD という
ニ. プラズマ溶射には，減圧プラズマ溶射・大気プラズマ溶射・加圧プラズマ溶射などがある
ホ. イオンプレーティングは，不活性ガスの中で蒸発した金属が薄膜となる

問題4　機械加工法に関する記述で，誤っているものはどれですか

イ. ホーニング加工では，回転工具に合った穴径しか加工できない
ロ. 中ぐり加工は，中ぐり棒にバイトを取り付けて行う
ハ. フライス盤では，下向き削りよりも上向き削りの方が工具摩耗が少ない
ニ. 平削り加工では，ヘールバイトを使うことがある
ホ. 切削方法には，乾式切削と湿式切削の2種類がある

【機器組立て法】

問題1　プリント配線板の組立てに関する記述で，誤っているものはどれですか

イ．配線の余長は，基本的にとる必要は無い。

ロ．はんだカップに装着する線材は，3本までとする。

ハ．表面実装では，挿入実装に比べて高密度実装が可能であり，基板のサイズを小さくできる。

ニ．静電気による電子部品への障害を防止するために，作業台の上に導電性の良いシートを敷くと良い。

ホ．表面実装部品用のはんだリフロー方式には，赤外線・熱風・ガスなどがある。

問題2　プリント配線板のはんだに関する記述で，誤っているものはどれですか

イ．鉛フリーはんだは，ぬれ性が悪く，また高融点のものが多いため，部品への熱破壊に注意が必要である。

ロ．鉛フリーはんだの鉛含有率は，0.50質量％以下に規定されている。

ハ．共晶はんだは，鉛フリーはんだに比べて，廃棄物による自然環境汚染の危険性が高い。

ニ．ソルダーペーストは，はんだ粉末をフラックスで混練しペースト状にしたものです。

ホ．鉛フリーはんだには，Sn－Ag－Cu 系や Sn－Zn－Bi 系などがある。

問題3　電子機器の組立てに関する記述で，誤っているものはどれですか

イ．プリント基板の実装には，表面実装法と挿入実装法がある。

ロ．圧着端子は，電線端末に取り付ける接続端子で，電線と端子に物理的圧力をかけて固着させる。

ハ．線材の端子との最大クリアランスの規格は，「線材の絶縁部を含む直径の 3 倍または 3 mm のいずれか大きい方を超えない」である。

ニ．静電気による障害防止策として，接地された導電シートを敷くと良い。

ホ．ねじの緩み止めとして，硬化性ロック剤を使用する方法がある。

【材料】

問題1　材料に関する記述の中で，誤っているものはどれですか
イ．焼結合金の性能には，成形・焼結の方法だけでなく，原料粉末の性状も大いに影響する
ロ．FRM とは繊維強化プラスチックのことである
ハ．炭化珪素 SiC は，耐熱性に優れ，ロケットの耐熱パネルの材料として使用されている
ニ．ジルコニアは，靭性に優れているので刃物などに使用されている
ホ．青銅は，主成分が銅（Cu）であり，スズ（Sn）が含まれている

問題2　材料に関する記述の中で，誤っているものはどれですか
イ．セラミックスは，酸化物系（Al 2 O3, ZrO 2 など）と非酸化物系（Si 3 N4, SiC など）に大別される
ロ．水素貯蔵合金としては，水素吸収量が大きく，吸収した水素を容易に放出できる合金が望ましい
ハ．形状記憶合金は，ある温度以上で変形しても，その温度以下に冷却すると，元の形状に回復する性質を持った合金である
ニ．超伝導材料では，電気抵抗が無くなる臨界温度の高い方が実用上で有利である
ホ．アモルファス合金の三大特徴として，強靭性・超耐食性・軟磁性が挙げられる

問題3　熱処理に関する記述の中で，誤っているものはどれですか
イ．高速度鋼は，焼入れ後に焼戻しを行えば，焼戻し前よりも硬くなる
ロ．高周波焼入れは，火炎焼入れよりも薄い硬化層が得られる
ハ．サブゼロ処理は，焼入れ後の時効による変形防止に効果的である
ニ．焼なましのことを焼準（しょうじゅん）とも言い，加熱した後に大気中に放冷する処置を行う
ホ．焼入れ後，比較的高い温度（400℃以上）に焼戻すことを調質という

【測定機器および検査機器】

問題1　センサに関する内容で，誤っているものはどれですか
- イ．赤外線温度センサは，対象物に非接触で測定することができる
- ロ．サーミスタは，温度変化とともに抵抗値が変化するものである。
- ハ．熱電対は，2種類の金属の熱膨張率の違いを利用したものである。
- ニ．バイメタルとは，熱膨張率の違う2種類の金属を張り合わせたもので，温度の変化によって曲がる性質を利用している
- ホ．測温抵抗体は，金属の電気抵抗が温度変化に対して変化する性質を利用している

問題2　試験方法・試験機器に関する内容で，誤っているものはどれですか
- イ．ブリネル・ロックウェル・ビッカースの硬さ試験は，一般に反発硬さ試験と呼ばれる方法である
- ロ．超音波探傷機器や放射線透過探傷機器は，材料内部の欠陥の検出に利用される
- ハ．疲れ試験機は，繰り返し荷重に対する強さを試験するものである
- ニ．クランプ式の電流計は，直流電流も交流電流も測定が可能である
- ホ．圧力計におけるゲージ圧力とは，大気圧を基準（ゼロ）とした圧力である

問題3　測定機器として，マイクロメータが良く使われるが，使用方法の記述の中で，誤っているものはどれですか
- イ．測定前に，測定面は柔らかな布で拭いてきれいにする
- ロ．測定物は，アンビル（固定側）とスピンドルの間に挟む
- ハ．確実に測定を行うために，シンブルに力をかけて回す
- ニ．測定時，左手は防熱カバーを持ちマイクロメータの熱膨張を抑える
- ホ．安定した姿勢で測れるように，必要に応じてスタンドを使用する

問題4　三次元測定機に関する記述で，誤っているものはどれですか
- イ．三次元測定機を振動や傾きの無い場所に設置する

現場技術

299

ロ．被測定機の座標位置検出器を，プローブ　という
ハ．穴の径，穴の中心位置，距離，テーパ，勾配などの測定ができる
ニ．安定した測定結果を出すために，適温環境（20℃）を保つ
ホ．作業場（室温異なる）から持ってきた測定物を，すぐに測定する

解答と解説〈学科試験編〉

【自動生産システム】

問題1　解答　ロ

解説

　FMS は，混合生産や多種少量生産に適しており，少種多量生産に適したシステムではありません。

問題2　解答　ホ

解説

　ツーリングシステムは「Tooling System」と書き，その名の通り，工具や工具保持具を選択するシステムのことです。従って，「ホ」は間違いです。

問題3　解答　イ

解説

　適応制御ロボットは，環境変化に対応して制御内容を変化させることのできるロボットです。「あらかじめ設定された順序や条件などに従って動作するロボット」は，シーケンスロボットの説明です。

【制御システム】

問題1　解答　ハ

解説

　PID 制御とは，フィードバック制御において，目標値との差だけでなく，その積分値や微分値も含めた3つの要素で行う制御です。「目標値の変化に従って制御するシステム」は，追従制御です。

問題2　解答　ニ

解説

　差動トランスとは，機械的な変化をコイルの電圧差として検知するものであり，「コイル抵抗の差」として検出するものではありません。

現場技術

【プログラミング】

問題 1 　解答　ホ

解説

　プログラムコードの「M02」は，工作物の加工プログラムの終りを表わす指令であり，主軸停止を表わすものではありません。主軸停止を表わすコードは，M05です。

問題 2 　解答　ハ

解説

　G91は「インクレメンタル」を表わしており，G01は「直線補間」を表わしている。また，このインクレメンタル方式では「現在の工具位置から到達位置までの移動距離を表わす指令」であることより，答えは『ハ』となる。

問題 3 　解答　イ

解説

　アブソリュートはG90であり，直線補間はG01であるから，答えは『イ』となる。

問題 4 　解答　ロ

解説

　主軸を時計方向に回転させる機能はM03であり，M04ではありません。M04は主軸を反時計方向に回転させる機能のことである。

【加工法】

問題 1 　解答　ニ

解説

　放電加工は，電気伝導性の無い材料には加工出来ません。導電性材料にのみ加工できます。

問題 2 　解答　ニ

解説

　レーザ加工では，異種金属の溶接も可能です。

問題3　解答　ハ

解説

　ガス反応を利用して金属表面に被膜をつくる方法は CVD といいます。PVD は物理的手法により薄膜をつくる技術です。

問題4　解答　ハ

解説

　上向き削りでは，工作物が持ち上がる方向に切削力がかかるため，しっかりと固定が必要であり，また刃具の摩耗は大きくなる。逆に下向き削りでは，固定は簡単で工具の摩耗も少なくなる。

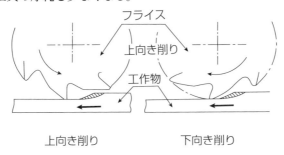

【機器組立て法】

問題1　解答　イ

解説

　各配線には，必ず余長を取る必要があります。再接続が1回程度ができる長さが基本です。

問題2　解答　ロ

解説

　鉛フリーはんだの鉛含有率の規定は，0.10質量%以下である。

問題3　解答　ハ

解説

　線材の端子との最大クリアランスの規格は，「線材の絶縁部を含む直径の2倍または1.5mm のいずれか大きい方を超えない」である。

【材料】
問題1 解答　ロ

解説

FRM は繊維強化金属のことであり，繊維強化プラスチックは FRP と表現します。

問題2 解答　ハ

解説

形状記憶合金は，「ある温度以下で変形しても，その温度以上に加熱する」と元の形状に回復する性質であり，「ある温度以上で変形しても，その温度以下に冷却する」ではありません。

問題3 解答　ニ

解説

焼なましのことは別名「焼鈍（しょうどん）」といい，加熱後は炉内で徐冷します。また良く似た言葉の焼きならしは，焼準（しょうじゅん）と言い，加熱した後に大気中で放冷します。

なお高速度鋼は550～600℃の高温焼戻しを行うと，焼入れたままより硬くなる性質があります。

【測定機器および検査機器】
問題1 解答　ハ

解説

熱電対は，2種類の金属の熱膨張率の違いを利用したものではありません。温度差によって発生する起電力を利用したものです。

問題2 解答　イ

解説

ブリネル試験・ロックウェル試験・ビッカース試験は，一般に押込み硬さ試験と呼ばれるものです。反発硬さ試験としては，ショア試験があります。

問題3 解答 ハ

解説

測定時は，必ずラチェットを使用して回します（※）。直接，シンブルを回さないようにする必要があります。

　※：ラチェットは締付力を一定にするためのものです。

問題4 解答 ホ

解説

持ってきた測定物は，測定室の室温と同化させる必要があります。最低でも，5時間程度は20℃の室温でならす必要があります。

索　引

MEMO

MEMO

MEMO

MEMO

著者略歴
高野　左千夫

● 職　歴
　　1975年　神戸大学工学部卒業
　　1975年　ダイキン工業（株）入社
　　　　　　圧縮機の設計・開発や生産管理・品質管理・品質保証
　　　　　　などの業務に従事
　　2011年　「たかの経営研究所」設立
　　　　　　中小ものづくり企業の経営支援活動
　　　　　　中小ものづくり企業の省エネ活動支援
　　　　　　「生産管理」「品質管理」のセミナー講師
　　　　　　「特級技能検定」受検講座の講師

● 保有資格
　　　　　　中小企業診断士
　　　　　　品質管理検定（QC 検定）1 級
　　　　　　エネルギー管理士
　　　　　　第 1 種冷凍機械製造保安責任者

※当社ホームページ http://www.kobunsha.org/ では，書籍に関する様々な情報
（法改正や正誤表等）を掲載し，随時更新しております。ご利用できる方はどうぞ
ご覧ください。正誤表がない場合，あるいはお気づきの箇所の掲載がない場合は，
下記の要領にてお問い合わせください。

よくわかる
特級技能検定　合格テキスト＋問題集

著　　　者	高 野　左 千 夫
印刷・製本	（株）太 洋 社

発 行 所	株式会社　弘 文 社	☎546-0012　大阪市東住吉区中野2丁目1番27号
		☎　（06）6797―7 4 4 1
		FAX（06）6702― 4 7 3 2
代 表 者	岡 﨑　　靖	振替口座 00940―2―43630
		東住吉郵便局私書箱1号

ご注意
（1）本書は内容について万全を期して作成いたしましたが，万一ご不審な点や誤り，記載
　　もれなどお気づきのことがありましたら，当社編集部まで書面にてお問い合わせくだ
　　さい。その際は，具体的なお問い合わせ内容と，ご氏名，ご住所，お電話番号を明記
　　の上，FAX，電子メール（henshu1@kobunsha.org）または郵送にてお送りください。
（2）本書の内容に関して適用した結果の影響については，上項にかかわらず責任を負いか
　　ねる場合がありますので予めご了承ください。
（3）落丁本，乱丁本はお取替えいたします。